销讲大系统
10大销讲系统课

曹译文 ◎ 著

销讲帮助你成就梦想

中国商业出版社

图书在版编目（CIP）数据

销讲大系统：10大销讲系统课／曹译文著．－－北京：中国商业出版社，2019.9
ISBN 978-7-5208-0867-5

Ⅰ．①销… Ⅱ．①曹… Ⅲ．①销售学 Ⅳ．① F713.3

中国版本图书馆 CIP 数据核字（2019）第 176644 号

责任编辑：黄世嘉

中国商业出版社出版发行
010-63180647 www.c-cbook.com
（100053 北京广安门内报国寺1号）
新华书店经销
河北华商印刷有限公司印刷
＊
710 毫米×1000 毫米　1/16 开　17.5 印张　220 千字
2019 年 10 月第 1 版　2019 年 10 月第 1 次印刷
定价：58.00 元
＊　＊　＊　＊
（如有印装质量问题可更换）

前言

学会销讲，成就梦想

近年来，销讲似乎是一件越来越流行的事情。世界第一潜能开发大师安东尼·罗宾在世界巡回销讲万人空巷；美国的 TED、知名企业的 CEO、政治家、科学家等，如比尔·克林顿、比尔·盖茨、理查德·布兰森等世界名人都开始了销讲之旅，并获得了不菲的成绩。

会销讲的人跟我们拉开的差距越来越大。如果你没能体会到这一点，不妨回忆一下那些渗透在我们身边的细节：

在公司里，口才技能好、能够高效沟通的人，升职往往最快；

在竞选中，会销讲、能说服更多的人，从而获得更多投票；

在活动中，能够清晰表达自己观点的，往往能给人留下好印象，获得更多的人脉资源；

销讲大系统
——10大销讲系统课

……

以上种种都证明了销讲的重要性。销讲已经成为了一种趋势，人人销讲的时代已经到来了。

而我自己，也是因为销讲，改变了人生，成就了梦想。

所以，你的开始，从你翻开这本书开始。在翻开本书之前，你需要明确一个现实的观点：不会销讲，你的人生将无法成就梦想。

不会销讲，没有公众影响力，那么你和你的产品以及这个公司，对这个世界而言，就永远是个秘密；

不会销讲，如果你是老板或团队领袖，上台哆哆嗦嗦表现一般，即使再有能力在员工面前也会成为一个笑话，形象大打折扣；

不会销讲，只能一对一地去谈客户，工作效率太低，耗时耗力；

不会销讲，眼睁睁地看着竞争对手一场招商会进账几百上千万元，而你的招商会却在倒贴；

不会销讲，公司难以突破业绩的瓶颈；

不会销讲，你永远受制于人，无法真正驾驭自己的命运；

……

销讲，对于我们每一个人都是至关重要的。在现实中，我经常能看到这样一些人，他们在台下时可以与人谈笑风生，说得头头是道，可是一上台就直冒冷汗，变成了一个没嘴的"葫芦"，纵使心中有千言万语，嘴上也说不出来。

还有一些人，明明有着深刻的思想、独特的观点，可是一旦站上讲台，说出来的话就变得支离破碎、寡淡无味，既没有激情也没有感染力。精彩的观点和思想也因为拙劣的演讲而被埋没了。

每每看到这样的现象，我的内心都感到无限惋惜。销讲能力的匮乏对于销售人员、企业家、创业者来说是非常不利的，对内无法清晰地传达战略思想，不能在员工面前树立威信，鼓舞员工斗志；对外无法让客户了解品牌理念，卖不出产品，甚至错失融资、合作的机会。

销讲可以改变企业、改变个人、改变未来，但是沉默也会断送企业与个人的未来。我看到了太多因为不会销讲而错失机遇的例子，所以我深刻地认识到销讲能力是企业和个人成功的关键因素之一。我也因此产生了写作本书的想法，我想把自己的销讲知识、销讲经验分享给大家，帮助更多的人成就更美好的未来！

十年磨一剑，一朝试锋芒。

我在销讲行业开拓多年，其间培训过数百家企业，涉及的行业有传统制造业，也有互联网行业，帮助很多销售员和企业家提升了演讲能力和销售能力。不少销售人员学习销讲以后，不仅业绩翻番，而且实现了升职加薪。还有一些企业家和创始人经过我的销讲培训以后，在短时间内就能够站在讲台上挥洒自如地进行演讲，实现了招商、融资、众筹、合作等目标。

在本书里，我通过"销讲的10大系统课"，结合实战案例提供了实操步骤和技巧。从本书中，你可以学习到提升销讲基本功的方法、销讲流程、发问技巧、控场技巧、互动技巧、成交技巧等。

通过学习《销讲大系统——10大销讲系统课》，你至少可以收获以下价值：

学会销讲，教你读懂企业经营的利润点，从而更好地包装产品，打造自己的产品策略，比如爆品、尖刀产品、附属产品、拳头产品；

学会销讲，教你如何在演讲中铺垫、埋雷、拉线、引爆，最后成交；

学会销讲，不单教你怎么讲，还教你怎么卖，让你讲完之后立刻就有结果，收钱、收人、收心；

通过销讲，学会招人才、招市场激励员工、培训员工；

通过销讲，学会批发式演讲销售产品、清空库存、整合资源；

通过销讲，学会向市场融资，融到永远花不完的钱；

通过销讲，学会做上市路演、演讲众筹。

我的"销讲大系统"，最大的价值在于，不仅教你怎么讲，重点教你怎么卖，如何狂销热卖；不仅教你讲话有效果，重点教你讲话有结果，把话说出去，把钱收回来；不仅教你的是一套销讲系统，重点教你如何写出一套专属于你自己的销讲系统。

销讲对我来说，是人生中的一道光芒，现在，我希望这道光能照亮更多人的人生。我期待拿到这本书的读者能从中汲取力量、勇气和智慧，用销讲为自己的人生打开新篇章。

目 录

1 销讲改变商业，一年业绩翻 10 倍的秘密 /1

1.1 未来的企业家都是销讲家 /2
1.2 作为企业老板，如何收钱、收人、收心 /9
1.3 学会销讲，做一流"批发式"推销高手 /12
1.4 销讲的七大核心价值 /16

2 认知系统：演讲？销讲？你分得清吗 /23

2.1 什么是销讲，它与普通演讲有何区别 /24
2.2 一场成功销讲要具备的五大要素 /29
2.3 打开能赚钱的销讲思路 /33

3 能量系统：突破演讲恐惧，敢于上台 /39

3.1 突破紧张和恐惧的五个方法 /40
3.2 如何打造自己的演讲基本功 /46
3.3 如何达到说服力演说家的境界 /58

4 流程系统：掌握黄金六大流程，成为销讲大师 /65

4.1 销讲的步骤流程如何设计 /66

4.2 中场的万能销讲流程 /70

4.3 会议型销讲的三大阶段 /81

5 筹备系统：讲前准备好，不做事后诸葛亮 /89

5.1 学习销讲的心法是什么 /90

5.2 演讲之前的七大准备 /95

5.3 好的销讲精髓是什么 /100

5.4 如何设计融资、众筹、招商、路演演讲稿？ /104

6 精彩开场：上台有话说，让你赢在开场前 30 秒 /113

6.1 做好这五件事，开场就成功了一大半 /114

6.2 三种开场方式，让你在 10 秒钟内 hold 住全场 /118

6.3 让顾客立刻参与你演讲的六个问句 /128

6.4 创意开场，让观众情不自禁地说"wow" /133

7 发问系统：灵巧提问，步步深入探出顾客真心 /137

7.1 提问需讨巧，从客户感兴趣的问题入手 /138

7.2 如何运用开放式问句和封闭式问句 /144

7.3 如何问出顾客的渴望 /150

7.4 如何用发问把产品塑造到无价 /153

8 互动系统：杀伤力最强的互动技巧，引爆现场气氛 /159

8.1 游戏互动：拉近与客户之间的距离 /160

8.2 体验互动：让客户了解产品，聆听客户心声 /166

8.3 咨询互动：解答客户疑问，调动好奇心 /170

8.4 有奖问答互动：聚焦关注，探知真心 /174

8.5 销讲互动的十大技巧 /177

9 说服系统：说得吸引人，一个故事大于1000万 /185

9.1 一个好故事能卖出多少东西 /186

9.2 练习讲故事，从自己的故事开始 /194

9.3 如何讲故事才具有说服力 /202

9.4 如何通过故事进行预先框式 /210

9.5 如何运用明线和暗线埋雷 /217

9.6 故事中如何解决反对意见 /222

10 控场系统：冷场救场技巧，收人、收钱、收心 /227

10.1 用梦想的力量打动台下人 /228

10.2 灵活应变，巧妙化解尴尬场面 /231

10.3 销讲现场造势的三大策略 /237

11 成交系统：掌握成交系统，助力成交千万业绩 /245

11.1 如何利用情绪瞬间成交 /246

11.2 如何利用信赖感促成成交 /253

11.3 把握三大流程，锁定成交，快速收钱 /257

11.4 快速成交的九大方法 /262

后记 /269

第 1 章

销讲改变商业，
一年业绩翻 10 倍的秘密

销讲，早已成为工作和社会生活的必需品，各种商业活动、社会活动，甚至个人生活都离不开销讲。销讲是销售的方法，是沟通的艺术，也是提升个人竞争力的渠道。销讲可以让业绩猛增，让企业重获新生，也可以让个人走向成功。这是一个人人销讲的时代，你准备好了吗？

1.1 未来的企业家都是销讲家

不知大家是否注意到，人类社会在不断进步的过程中，逐渐呈现出了这样一种现象———一些企业家不仅将企业打理得井井有条，且自身也变得能说会道。其中，独具代表型的人物有乔布斯、马云、俞敏洪……这些成功企业家，不仅是行业内的领军人物，且一直在努力尝试运用公众演说的力量来谱写这个世界的新篇章。

毫不夸张地说，能在未来激烈的市场竞争中脱颖而出的企业家，一定是集心理、社会、教育、演说等众多身份于一体的销讲家。为什么？因为只有销讲家才能同时具备这些条件。

一、乔布斯：好产品是说出来的

众所周知，史蒂夫·乔布斯是美国苹果公司联合创始人，他的一生虽然短暂却充满了传奇色彩，他不仅是高科技领域的领军人物、计算机行业的先驱，更是一位享誉世界的一流销讲家。

第 1 章
销讲改变商业，一年业绩翻 10 倍的秘密

销讲场景

史蒂夫·乔布斯的一生充满了传奇色彩，19 岁时因经济原因而休学，后与好友斯蒂夫·沃兹尼亚克于 1976 年在自家车房创立了苹果公司。1985 年当苹果公司发展壮大，一跃成为拥有上千员工的盈利公司时，乔布斯却遭遇董事会无情的背叛——罢免职务，并被"赶"出了公司。

十多年后，当苹果公司因经营不善陷入困局时，乔布斯不计前嫌回到苹果公司，并在 1997 年推出 iMac，发表了个人生涯第一次演说。2007 年推出自有设计的 iPhone 手机，使用 iOS 系统，iPhone 的成功发布使其成为继 iMac 之后掀起的第二波改革浪潮。

于此同时，乔布斯也在一次次的发布会上逐渐拥有了另一个身份——销讲大师。

iPhone 的成功发布，使得创始人乔布斯由幕后走上了台前，并兼具了销讲家的角色。可以说，乔布斯在发布会上所讲的每一句话，都对当时处于困境的苹果公司乃至高科技行业产生着重要而深远的影响。每一次激动人心的演说背后，收获的不仅是可观的销量，更是让苹果公司迅速崛起成为科技行业内的领跑者。

很多人只看到了乔布斯人前的风光，却不曾看到他背后所付出的努力，他的每一次演说之所以能够掌声连连，对整个行业乃至世界产生重要影响，并不完全得益于顾客对公司旗下产品的大力追捧，而是来源于乔布斯在演讲前所做的充分准备。

从乔布斯的多次演讲中，我们可以看出其存在的一些共同点（见图 1-1）。

❶ 将演说时间放在产品展示与用户体验上

乔布斯的演说与那些千篇一律的演说不同，总是给人一种耳目一新的感觉。听了他的演说，你会感觉他根本不是在推销产品，只是单纯地在展示产品的优势与

性能。他从不会将演说的重心放在呆板的数据上,也不会刻意宣扬产品采用了哪些新颖奇特的高科技,而是将演说的时间放在产品展示与用户体验上。

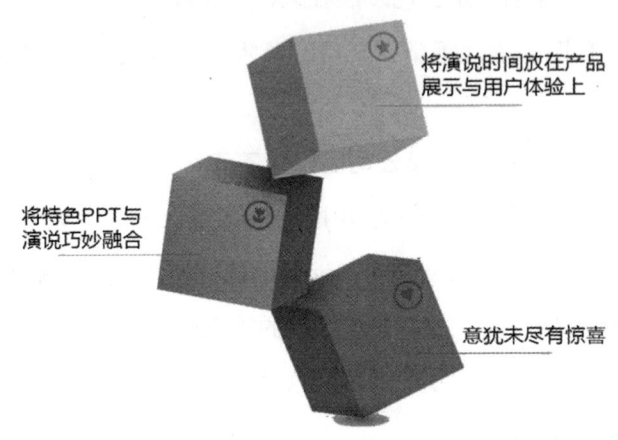

图 1-1 乔布斯演说中存在的一些共同点

比如,在发布会现场,乔布斯亲自向用户展示 iPhone 的定位、音乐播放、通话、拍照等功能,旨在加强用户的感官体验。正因为如此,他的每一次演说都能获得雷鸣般的掌声。

❷ 将特色 PPT 与演说巧妙融合

除了展示产品重视用户体验外,乔布斯在演说时还有一个明显的特征——将特色 PPT 与演说巧妙地融合在一起。如果你仔细聆听和观察他的演说,就会发现,乔布斯的 PPT 虽然看上去较为简约,但在细节的处理上却非常到位,常常带给顾客一种身临其境的感觉。

正是因为乔布斯一贯推崇的简约大气的风格,使得他将这种风格沿袭到了苹果的品牌 logo 上。只要你稍加留意就会发现,苹果的店面 logo 大多也采用较为简约的设计,不会随意出现文字方面的描述。

在乔布斯的不断推崇下,简约已不单单是他个人的追求,更是成为整个苹果公司所信奉的理念与追求。在这一点上,乔布斯通过 PPT 与演说的巧妙结合,将这一简约理念发挥得淋漓尽致,并将苹果的一系列发布会一次又一次地推向了高潮。

❸ 意犹未尽有"惊喜"

听过乔布斯演说的人,在演说结束时常常会有一种意犹未尽的感觉,除了他的演说深入人心外,最重要的一点就是他总是能在演说结束之余给顾客带来不断的惊喜。可以说,惊喜便是乔布斯使出的杀手锏,也正是因为杀手锏助攻,使苹果这个品牌受到了全球顾客的喜爱。

乔布斯在演说时,经常将"One more thing"(还有一件事)这句话挂在嘴边,并用这句话来引出后面的内容。至于后面的内容是新产品的功能展示、新产品的价格还是一场普通的娱乐盛宴,顾客肯定不得而知。但只要这句话一出口,便在瞬间带给人惊喜,使得顾客内心充满期待。

可以说,缔造了一代传奇的乔布斯,不仅是一位顶尖的科研技术人才,更是一位集心理、社会、教育、演说等众多身份于一体的销讲家。即使乔布斯已经离开我们,属于他的传奇时代已经成为过去式,但他的丰功伟绩却依然影响着我们。尤其是全民追捧的销讲时代,他以销讲大师的身份,用"说"的方式将企业家领头羊的作用发挥到了极致。

二、马云:公众演说打造魅力

说到马云,大家就会想到他是阿里巴巴集团的创始人,正是因为马云坚持不懈的努力,才创造了如今称霸世界的电子商务帝国,才为我们的生活带来了方便与快捷。可你知道吗?除了这些,马云还有一个厉害的头衔——"蛊惑人心"的销讲大师。为什么说"蛊惑人心"？那是因为在马云的成功之路上，除了实力突出外，他的成功也有部分原因是来源于他的演说（见图1-2），依靠演说来笼络人心，辅助阿里巴巴集团一步步做大做强。

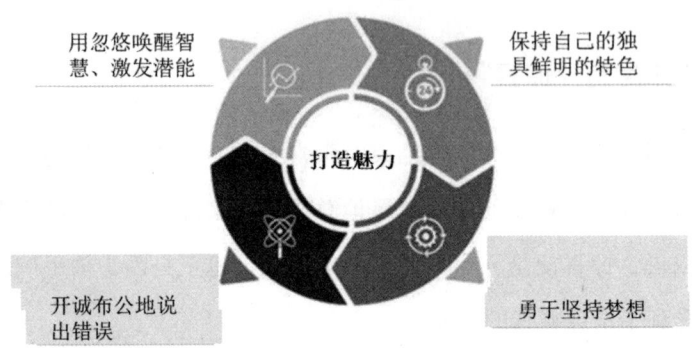

图1-2　马云在演说中施展的四大魅力

❶ 用"忽悠"唤醒智慧、激发潜能

从马云在世界各地的演说中，不难发现，这位享誉世界的著名企业家最喜欢、最热衷做的一件事，便是运用"忽悠术"来说服他人去大胆创新、创造奇迹。

> **销讲场景**　2011年杭州第八届网商大会，马云在现场曾说了这样一段话，他说："说我善于忽悠，我自己承认，12年前我忽悠了18个人，我记得还忽悠了王中军、华谊兄弟，他先忽悠我，要我投资他；我把他忽悠成为中国最大的电影公司。我觉得看到这些忽悠的结果和成果，今生已经很满足了，所以我还会一直忽悠下去。"

虽说马云"善忽悠"，可他的"忽悠"却与一般人的"忽悠"不同，并不是通过"忽悠"来达到欺骗他人的目的，而是通过"忽悠"来唤醒和激发他人心中隐藏的潜能与智慧，从而创造奇迹。

第 1 章
销讲改变商业，一年业绩翻 10 倍的秘密

❷ 保持自己的独具鲜明的特色

马云虽然看上去有些其貌不扬，但在实力的展现上却一点都不逊色，他总能在演说中适时地展示出自己的特色。就拿 1993 年在新加坡举行的亚洲电子商务大会来说，当时参加会议的销讲大师与听众有 85% 来自美国，因此，现场的演说内容中所列举的例子也是以美国为主。针对这一现象，马云做出了如下回应：

"我觉得这里面肯定有问题，我就站起来说，我也不知道问题是什么，但我觉得'亚洲是亚洲，美国是美国，中国是中国'。当时有一个想法，就是要找出一个有中国和亚洲特色的东西。"

马云对特色的追求，不只是说说而已，而是切切实实地落实到行动上，将特色的追崇糅合进了企业管理中。

在创业初期，阿里巴巴还是一个不知名的小企业时，一些互联网企业为了在行业内站稳脚跟，便只为国外的一些大型企业提供互联网服务，但马云却反其道而行之，专门为国内的中小型企业服务。正因为这一独具鲜明的特色，使得阿里巴巴集团在马云的带领下，一步步走出了"中国特色"，成为一家能在国际上站稳脚跟的世界知名企业。

❸ 开诚布公地说出错误

作为一名备受瞩目的知名企业家，一路走来，马云收获了很多掌声与鲜花，但其成功的背后，也饱含了无数次的失败与艰辛。这一切，马云在演说中从来不会刻意规避"犯错"这个话题，正如他自己说的那样："我相信任何一个成功的人背后都有过巨大的挫折和失误。"

> **销讲场景**
>
> 在谈到创业这个话题时,马云曾在一次公开演说中说道:"对所有创业者来说,永远要告诉自己一句话——从创业的第一天起,你每天要面对的是困难和失败,而不是成功!你最困难的时候还没有到,但有一天一定会到。困难不是不能躲避,但不能让别人替你去扛。9年创业的经验告诉我,任何困难你都必须自己去面对,创业就是面对困难。"
>
> 正因为拥有一种敢于面对困难的决心与勇气,不逃避错误,才使得马云胜不骄败不馁,一路走来收获了满满的成功。

在一些成功的企业家眼里,恐怕许多人都会"谈错色变",不愿将往昔的错误示于人前。但这方面,马云却不走寻常线路,不仅不回避错误,反而突发奇想,欲出版一本《一千零一夜》的姊妹篇——《阿里巴巴的1001个错误》。即便这本书至今没有面世,但马云却在每一次的公开演说中,毫不避讳地谈论自己曾经犯下的种种错误。

谈论错误并没有给马云的演说带来不利影响,反而让他对错误时刻保持着警醒,并且让自己的形象更接地气,让自己的心灵与听众更贴近。

❹ 勇于坚持梦想

从马云的诸多演说中,我通过观察发现,不管是正式还是非正式场合,马云在演说中总是三句话不离梦想。对于梦想,马云有着自己独特的见解,他说:"人永远不要忘记自己第一天的梦想,你的梦想是世界上最伟大的事情,就是帮助别人成功。"

正因为勇于坚持自己的梦想,马云才能在实现梦想的道路上越挫越勇,并在公开的演说中,用他的切身经历去鼓舞、激励、帮助更多的人勇敢实现自己的梦想。也正因为如此,他才能打造出灿烂辉煌的电子商务帝国。

1.2 作为企业老板，如何收钱、收人、收心

所谓销讲，简单来说就是销售演讲，其目的在于销，但关键点却是"讲"，只有讲干货、讲道理、讲需求、讲诚信，才能完成"销"的目的。从某种意义上来说，销讲不单单是为企业引入销量、创造价值，更多的是让企业老板在这一过程中得到全身心的释放。

毕竟，老板作为企业的掌门人，既要解决员工的温饱问题，又要带领企业发展，其肩上承担着常人无法想象的压力与辛劳，所以他们更需要释放自己。

释放二字说起来容易，但真正实施起来却绝非易事。即便你的企业发展势如破竹，销量与日递增，订单多如牛毛，但这丝毫不能缓解你的压力。

因为大多数情况下，企业的发展状况如何，都与老板的言行举止密切相关，企业要想做大做强，老板注定要舍弃更多的私人空间，舍弃充足的睡眠时间，舍弃陪伴家人的时间，舍弃外出旅游的时间，甚至舍弃自己赖以生存的健康，方才换来企业的稳步发展。

任何一家企业，如果失去了老板这个顶梁柱，势必会像破皮的馄饨——乱成一锅粥，不仅影响企业的未来发展，还会给自己的家人带去伤害。因此，作为企业的老板，只有学会正确的减压，才能让自己整个身心得到全部的释放。那么，如何减压呢？很简单，用销讲来彻底地解放自己。

> **销讲场景**
>
> 创立于 2014 年的芭莎国际，是一家专门为女性打造美丽、创建家庭和谐、传递大爱的文化公司，它的创始人吴富健同时还兼任今晨特种制造有限公司总经理一职。由于热爱旗袍、致力于传播美丽事业，吴富健创办了芭莎国际。
>
> 作为事业上的成功女强人，她忍受着常人难以忍受的艰辛与压力，

她是靠着什么走过了酷暑炎热,迎来了事业上的春天呢?答案就是销讲系统。销讲系统课程不仅为她的成功创业指明了前进的方向,更让她在收获成功的同时释放了压力,感受到了快乐与幸福。

她曾说:"芭莎国际是围绕我创业、我努力、我精彩这三个核心部分来展开的,虽然成立还不到5年时间,但我对我的芭莎国际却始终怀有一份热情。在这份热情的支撑下,我将与芭莎国际的姐妹们共同学习、共同成长、共同创造美。将人间的大爱传递给每一位女性、每一个家族。"

同时,她还说:"在销讲系统的学习中,我的个人演说能力不但得到了提高,帮助自己的企业得到了良好而持续的发展,还因此结识了一群志同道合的美丽时尚女性,改善和调节了自己的压力与情绪。这让我由衷地觉得:'销讲系统这个平台实在是太棒了,它帮我解决了很多生活与事业上的难题!'"

销讲系统带给吴富健的不仅是事业上的成功与心理上的释放,更多的是借此机会站在演讲台上为自己的产品造势与宣传,并在此过程中获得快乐与幸福。

这便是销讲所带来的种种好处。为什么我要强调销讲系统能给企业老板带来彻底的解放呢?因为销讲系统能真真切切地给企业老板带来福音(见图1-3)。

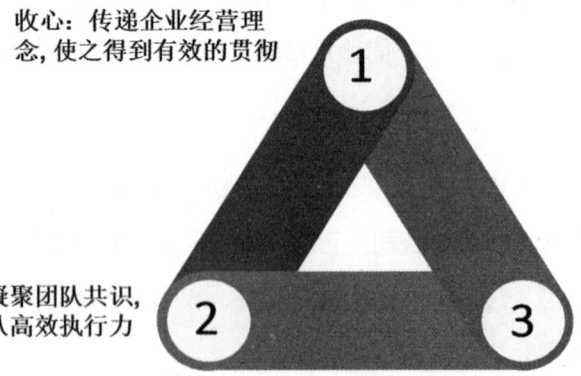

图1-3 掌握销讲系统带来的三个好处

第 1 章
销讲改变商业，一年业绩翻 10 倍的秘密

一、收心：传递企业经营理念，使之得到有效的贯彻

对于任何一家企业老板来说，最头疼的莫过于企业的经营理念得不到有效贯彻执行，无法贯穿整个企业的发展。而作为老板的你却不能将时间用于检查和纠正公司员工是否有做出违背企业经营理念的行为上。

想要解决这一难题，就必须掌握销讲系统。唯有如此，才能在向公司员工传递企业经营理念，使之得到有效贯彻的同时，让自己紧绷的神经得到放松。

二、收人：凝聚团队共识，提高团队高效执行力

一些企业之所以得不到很好的发展，老板之所以心灵无法获得释放，并不是企业老板没有亲力亲为，而是企业缺乏团队意识、员工缺乏执行力。在这种情况下，提高执行力、凝聚团队共识便是迫在眉睫的一件事。

老板只有掌握销讲系统中的能量、说服等系统，通过"贩卖"梦想的形式，来激发员工的激情和创造力，提升员工的积极性，才能更好地凝聚团队共识，提高团队的高效执行力。

三、收钱：获得外界资源与强有力支持

哪怕企业的发展一帆风顺，老板也不用起早贪黑事事鞠躬尽瘁，但有两件事却必须亲力亲为：找投资人和项目融资。比如，企业因项目发展出现资金周转不灵的情况时，老板便要亲力亲为，去找靠谱的投资人来解决这一难题。

这时候，会销讲与不会销讲的区别便显现出来了。没有掌握销讲系统的老板即便是找到了投资人，也可能因为不懂"销售"自己，而无法说服对方。而掌握销讲系统的老板会利用自己的优势说服投资人融资，以此来获得外界资源与强有力支持。

作为企业老板，如何收钱、收人、收心？这恐怕是大部分企业家都会遇到的一个难题，而销讲便是解决这一难题的最佳方法。企业老板只有掌握了销讲系统，合理运用销讲方式，才能在解决企业难题的同时，让自己得到全身心的释放，收获健康与快乐，从而让自己以更好的状态去管理企业，赢得客户的赞誉与支持，并带领企业走向光辉灿烂的康庄大道。

1.3 学会销讲，做一流"批发式"推销高手

所谓"批发式"推销，是指不采用单个销售的模式，而是一次性销售大量产品。由于"批发式"销售可以很快出售大量产品，回款的速度很快，收益较高，所以不管是商家还是销售人员，都喜欢进行"批发式"销售。

那么，到底该怎样进行"批发式"销售呢？答案就是：销讲。销讲可以获得很好的销售效果。

销讲人面对着众多听众，如果成交，销量是非常可观的。善于运用"批发式"推销方法的推售高手，他们也是很出色的销讲人，可以在很短的销讲活动中赢得大量订单，这就是销讲的魔力。

罗振宇的脱口秀节目《罗辑思维》收获了巨大的流量，罗振宇利用节目的超高人气，在视频中为观众推荐书籍，成功售出很多书籍，在短期内获取了巨大收益。这就是一个非常成功的销讲案例。

2015年，罗振宇在出席某公开活动时曾说道："假如在年底之前没有特别重大的意外，我们今年在售书上可以获得1.5亿~2亿的收益。"而这距离他在节目中正式售书才过去半年左右的时间，取得这种成绩可以说是非常了不起了。

第1章
销讲改变商业，一年业绩翻 10 倍的秘密

销讲场景

为什么罗振宇可以迅速获得如此巨大的成功呢？这就受益于他高超的销讲能力。罗振宇最初在央视工作，后来离职创业，创办了新媒体，上线了一个趣味性十足的知识型视频脱口秀节目——《罗辑思维》。

《罗辑思维》每周播出一期视频，在节目中，罗振宇向观众解读书籍中的观点、故事，分享自己的想法，并启发观众进行独立思考，获得了观众一致的好评，很多人成了该节目的忠实粉丝。

到了 2014 年 6 月，罗振宇决定售书。于是，他在《罗辑思维》的微信群里试水了一把，向粉丝推出 8000 套单价为 499 元的图书礼包。结果，只过了 90 分钟，这批图书就被抢购一空。

之所以获得如此耀眼的成绩，就在于罗振宇通过平时的销讲"俘获"了大批粉丝。《罗辑思维》的商业盈利模式是先通过视频为观众服务，提供知识，把一本书讲得非常有趣，激发了观众的兴趣，进而使其认可这本书的优秀之处，从而产生购买欲望。

正是凭借出色的销讲能力，罗振宇迅速通过售书获得了巨大收益。他通过对书的内容进行趣味性解说，激发观众的探究欲望和阅读兴趣，使其认可书的价值，进而心甘情愿地购买。

罗振宇销讲能力的厉害之处还体现在，他卖的书从不打折，但粉丝依然抱有巨大的购买热情。从这里就可以看出，罗振宇被称为顶尖的"批发式"推销高手是毫不为过的。

很多在市场上销量不高，甚至已经绝版的书籍，通过与罗振宇合作，经过他的推荐以后，往往都能在很短时间内成为爆款，其高超的销讲能力由此可见一斑。

尽管销讲具有如此巨大的魔力，但很多销售人员却不敢在台上面对听众演

讲，只要一面对听众，他们的表现就不好，甚至站在台上就浑身发抖，说话也不通顺，支支吾吾的。有些销售人员在上台以后赶紧把演讲稿读完，并没有表现出演讲者的样子。

之所以出现这种情况，根本原因是不知道如何演讲，更别提拥有出色的销讲能力了。很多人觉得自己之所以做不好演讲，是因为没有天赋，或者认为自己没有很好的口才。实际上，这只是自己推脱的借口罢了，其实只是因为自己并没有进行训练而已。大家切记，只要经过合理的训练，一个普通的销售人员也是可以掌握当众演讲的能力的。

那么，大家要如何做才能提升演讲水平，从而提升自己的销讲能力呢？我为大家总结了以下几点（见图1-4）。

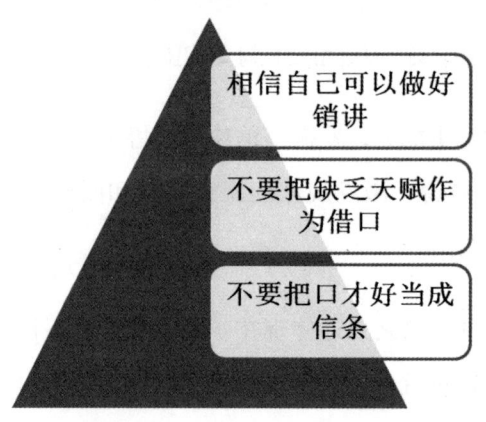

图1-4 提升销讲能力的方法

一、相信自己可以做好销讲

首先要热爱销售这一行业，愿意与人打交道，这是提升销讲能力的前提条件。人们常说"兴趣是最好的老师"，当你对销售行业充满兴趣、怀有激情时，自然会发挥主观能动性，积极主动地学习，以提高自己。

第1章
销讲改变商业，一年业绩翻10倍的秘密

其次，一定要保持信心，坚信自己可以做好这份工作。自信并非自负，更不是自傲，是以你的专业能力为基础的，可以帮助你发挥出更出色的水平。

二、不要把缺乏天赋作为借口

很多销售人员觉得，做好销讲一定要具备天赋才行，那些销讲能力出众的人，一定有这方面的天赋，他们天生就是这块料。这种观点是极其错误的，其实大多数人都有演讲的天赋。

试想一下，当你在单独聊天的场合时，是否也有过侃侃而谈的情况？单独和朋友聊天可以侃天说地，上了台就说不好，这说明你并非没有天赋，只是缺乏专业的销讲训练而已。当你经过专业的销讲训练后，也是可以成功做到的。

三、不要把口才好当成信条

销售人员的最终目的都是为产品打广告，然后将产品销售出去，而销售产品就需要获得客户的信任。如果无法获得客户的信任，客户是不会购买的，哪怕口才再好，说得天花乱坠也不会成功。因此，只有使客户相信你的产品符合他们的需求，对其有利，同时辅以真诚的表达，才能最终打动他们的心。

从以上分析可以看出，销讲能力是否出色，不在于你的口才是否出众，语言是否优美，而在于你是否精准地掌握了客户的心理。因此，销售人员应多去了解客户的内心状态，这是最应该做的事情。

当然，销售人员还要加强基础能力，基础能力就是工作的基础，如果基础能力不过关，不要说销售产品，销讲是否过关都是未知数。基础能力的加强，需要坚持每天学习，多学习行业内的知识，关注行情发展，同时学习一些心理学和营销学知识，不断提升自己的销讲能力，进而成为顶尖的"批发式"推销高手。

1.4 销讲的七大核心价值

销讲是指用演讲带动销售。按照定义来看,销讲没什么复杂的。但销讲从严格意义上来说,不只会带来销量的提升,还有可能带来其他不可思议的价值。

那么,销讲到底能带来哪些价值呢?下面我们就来一一分析其带来的七大价值(见图1-5)。

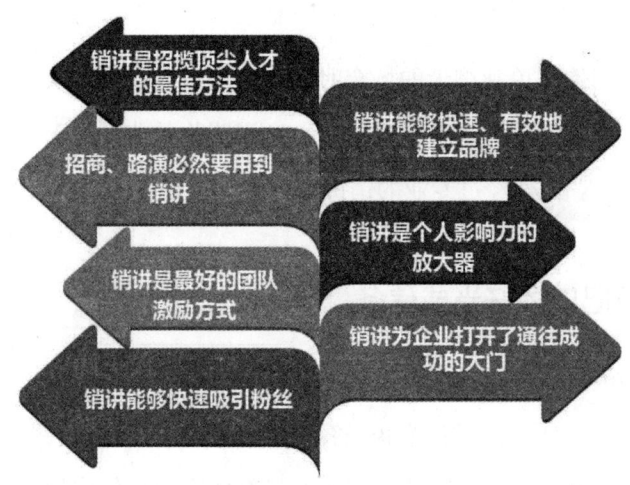

图1-5 销讲的七大核心价值

一、销讲是招揽顶尖人才的最佳方法

人才是一项重要的人力资源,是所有企业都渴望拥有的。然而,人才终归是稀缺的,并非每个企业都可以获得很多人才。鉴于人才的珍贵性及其重要性,大部分企业,包括大型企业和小型企业,都在想方设法吸收人才。他们想出了很多种方法,其中销讲不失为最好的方法之一。

第 1 章
销讲改变商业，一年业绩翻 10 倍的秘密

> **销讲场景**
>
> 乔布斯是一位伟大的企业家，在遇到其他公司的人才时，他会不由自主地将人才招致麾下。
>
> 乔布斯曾成功地将百事可乐的总裁约翰·史考利招到自己的公司。这件事很有趣，当时乔布斯只对史考利说了一句话："你是打算一辈子卖汽水，还是想要和我一起改变这个世界？"最终，犹豫不决的史考利听从了乔布斯的"怂恿"，非常高兴地为乔布斯工作。
>
> 乔布斯是一位伟大的企业家，同时也拥有出色的销讲能力。他的洞察力非同小可，一眼就看出了史考利的真实心理，所以才说出那句话来打动史考利的心。"卖汽水"在当时是史考利的事业，尽管他在担任百事可乐的总裁时，事业顺风顺水，成就也不低，但与"改变世界"相比，诱惑力就小得多了。
>
> 顶尖人才最需要的往往不是金钱、权力等肤浅化、庸俗化的东西，他们通常向往追求更伟大和宏伟的目标。
>
> 只要在与其交流时扣准其心理，在语言上稍微加以修饰，就能成功地激发起他们的斗志和欲望。

二、招商、路演必然要用到销讲

企业要想获得更大的发展，一定会面临招商、路演这两个关键性的步骤。招商是为了和其他商户共同发展。一个企业不可能单独发展，这样势单力薄，经受不起市场的打击和考验。为此，企业要通过招商发布自己的商品，让其他商户与自己"并肩作战"。

路演在最开始的时候是国际普遍采用的证券推广方式，发展到现在，一提起路演，一般是指企业向外界推荐产品或品牌的方式。

招商和路演，是企业发展壮大的必经历程，这其中必然会涉及销讲。销讲所

起到的作用便是辅助招商和路演，作为这两者的助推力。

尽管销讲在招商和路演上并不占据太重要的部分，但若没有销讲，企业在招商和路演时便会失去吸引力，使这两者对目标对象的感染力失色不少。所以说，销讲的重要性怎么讲都不为过，企业永远不能忽视销讲的重要作用。

只要学会销讲，便掌握了招商的"武功秘籍"。要知道，招商属于一对多的批发式营销，可以节约时间，快速增加财富。掌握了这项能力，就可以源源不断地获得巨大财富。

三、销讲是最好的团队激励方式

销讲不仅能为企业吸收顶尖人才，也是领导进行团队激励的最好方式。很多大型企业的企业家会定期在企业内部进行演讲，或者在年会致辞，总结工作、展望未来，并对员工进行鼓励。他们正是运用销讲的方式来激励下属或者员工的。

销讲为团队带来的激励效果，可能远远高于涨薪、年终奖金和升职等方式。

> **销讲场景**
>
> 联想公司的 CEO 杨元庆曾在 2015 年的年底年会上对员工说出了下面这番话，以激励员工面对接下来的挑战。
>
> "在接下来的一年，我们要在机制、组织和激励三个方面，使咱们公司的三大业务和某些新业务的领导层真正掌握业务的主动权，能够从业务的一开始到结束全权负责和管理。我们接下来要建立超级产品经理制度，这些领导层可以充分利用自己的职权，调动一切可以运用的资源，为客户服务。我们会更支持内部创业，尽力帮助敢于提出新想法、有工作积极性的年轻人，使他们冒出头来。公司的高级管理层，热烈欢迎'80后'和'90后'的加入。"

以上激励的语言貌似很普通，但如果你够细心听就会发现，杨元庆最核心的激励体现在公司高级管理层对年轻员工的热烈欢迎上。在当前的社会背景下，年轻员工占据了越来越重要的位置，"80后"和"90后"是人数最多的员工群体。不过，联想这类传统企业的高层管理仍被"60后"和"70后"这些老员工占据着。员工最希望获得的就是晋升之路，这样才能体现自己的价值。因此，杨元庆与时俱进地提出了这样的措施，让年轻员工有了晋升的希望，这样一来也就将这些年轻员工的工作积极性就更高了。

不仅如此，年轻员工的晋升也为某些长期"尸位素餐"的老员工制造了压力，使其感受到前所未有的危机感，从而使其发挥更大的作用。所以说，销讲对团队激励所起到的作用是无法想象的。

四、销讲能够快速吸引粉丝

销讲有众多形式，有的是在正规的舞台上当众销讲，有的是一对一销讲，而有的则是通过网络媒介向网民销讲。不管是哪一种形式，都能够很快地为销讲人吸引粉丝。

粉丝有多重要？答案是：要多重要有多重要！在移动互联网时代，只要有了粉丝，也就有了商业运营的基础和前途。

当然，要想吸引粉丝，必须让内容符合粉丝的需求，与粉丝的喜好一致。企业当然需要将与企业有关的产品或服务介绍给观众，但很多销讲人在演说时犯了一个重大的错误：过于注重展示产品功能，不分主次地把所有功能都介绍出来了，而且专业词汇过多，导致普通观众难以理解。于是，一种令人尴尬的情境就出现了：台上说得热火朝天，激情万分；台下却呵欠连天，满脸困倦。

其实，优秀的销讲不需要展示所有的产品功能，不需要说出过多的专业词汇，最关键且是观众最关心的，是能否感受到轻松的气氛，听到有趣的内容。如果能营造轻松愉悦的氛围，为观众呈现精彩纷呈的内容，观众自然会很感兴趣，从而把所有内容都听完，直至成为销讲人的粉丝。

五、销讲能够快速、有效地建立品牌

所谓销讲，本来就是运用演讲的方式促进销售，所以销讲就蕴含了演讲、销售和沟通各种因素。假如企业家、销售员或讲师在销讲时可以使这三个因素发挥出令人满意的效果，就可以使观众建立起对产品和品牌的深刻印象。

中国有很多企业家通过销讲建立了品牌，李阳、罗振宇、罗永浩等人是比较有名的代表人物。他们的销讲能力非常出众，具有很强的煽动力，因此影响甚广。比如，"疯狂英语"的创始人李阳就擅长销讲，哪怕没听过他销讲的人，也一定听说过"疯狂英语"的品牌。

所以说，销讲能力出众，能够为品牌的传播起到很大的推广作用。

六、销讲是个人影响力的放大器

每个人在其一生中都在不断地追求提升自己的影响力，而对于企业家来说，提升个人影响力的最好利器便是销讲。要想使个人的影响力不断提高，毫无疑问，需要接触更多的人。不过，企业家没有足够的精力和时间去直接进入市场。所以销讲就成为他们打开市场、提升个人影响力的最好办法。

七、销讲为企业打开了通往成功的大门

企业家和销售人员具有很多共同之处，其中最相似的一点就是都会销讲，会与目标对象交流沟通，并且通过销讲获得了成功。企业家做出的完美销讲除了打

开市场、增加企业的收益外,还为企业吸收了顶尖人才,激励员工不断奋进。当企业家、高层管理人员和基层员工都为企业充分激情地奋力拼搏时,企业也就打开了一道宽广的成功之门。可以这么说,销讲为企业带来的最大收益便是成功。

大量的事实证明,销讲可以提升成功的效率,节省时间和精力,达到事半功倍的效果。商界传奇人物,诸如乔布斯、雷军、马云等人物,都通过销讲使公司和产品获得了大范围传播。正是因为有了他们这样的灵魂人物,企业才能在市场中立足,甚至大放异彩,绽放耀眼的光芒。

| 第 2 章 |

认知系统：
演讲？销讲？你分得清吗

销讲，就是销售演讲，它是推广宣传产品的最好方法。销讲和普通演讲既有区别又有联系。一场成功的销讲必须具备幽默、激情、智慧、目标、感动这五大元素。一个优秀的销讲人应该具有出色的观察力、亲和力、沟通能力、语言能力、策划能力、灵活应对的能力以及强大的气场。

2.1 什么是销讲，它与普通演讲有何区别

所谓销讲，简而言之，就是销售演讲，在演讲的过程中完成销售。销讲主要包括三个部分，分别是接待说词、产品推荐和品牌宣传。销讲能力的高低是销售人员能力的一面镜子，能够准确地反映出本人的真实水平。

因此，销售人员应该学习销讲，这样才能确保自己的职业能力在线，而这也是销售人员拓展市场、为公司创造财富的重要手段。可以说，拥有优秀的销讲能力，便可以改变自己的一生。

实际上，销讲也是一种销售手段，为的是提升销售量。销讲与传统销售方式的不同之处在于，销讲并非与某个客户见面，而是一对多地进行销售。销讲可以获得"四两拨千斤"的效果，能够帮助销售人员在现场销售产品和宣传推广公司品牌。

其实，销讲并不是现在才有的，已出现很长时间了，它所达到的效果是非常惊人的。20世纪90年代，英特尔公司决定改变半导体芯片不为人知的尴尬境地，实行品牌化战略，便开创了在当时非常新颖的营销策略，即CES（消费电子展），这一策略为英特尔吸引了数百万非科技消费者。英特尔通过在展会上宣传Intel Inside，使广大消费者熟悉了他们的产品，并记住了品牌的名字，从而使其成为

第 2 章
认知系统：演讲？销讲？你分得清吗

受人瞩目的大型公司。

在当时来说，这种营销策略是十分先进的，具有很强的创新性，其中也存在销讲的作用。

> **销讲场景**
>
> 以往人们在购买个人电脑时只关注电脑的硬件配置和软件配置，几乎没人关注位于电脑内部、看不到的电脑芯片。
>
> 不过，由于个人电脑的普及程度逐渐提高，消费者的选择余地更多，他们也想要知道购买哪个品牌的电脑更好。在这种市场需求中，英特尔抓住机遇，精心策划了一场展会，为自己的品牌进行宣传推广。
>
> 英特尔公司在这场展会上展示了自身具备的顶尖技术，而公司CEO 出席展会，做了一次主题演讲，使参加展会的每一位听众都了解了该品牌。于是，在这次展会以后，很多消费者在购买电脑时只购买带有"Intel Inside"标记的电脑。
>
> 正是凭借这次出色的销讲和营销，英特尔逐渐成为知名品牌。

英特尔公司 CEO 在展会上的演讲其实质上就是销讲。在听众面前销讲，不仅可以使其看到真实的产品，还能通过形象化的描述，使听众更深入细致地熟悉产品，从而对品牌印象更深刻。

那么，什么是销讲，它与普通演讲的区别在哪里呢？下面我将为大家揭开销讲的神秘面纱。

一、销讲是宣传推广产品的最好方法

新产品上市之前，企业都会举行发布会，企业的负责人会在发布会上演讲，来宣传自己的产品。

以手机行业来说，现在手机迭代率很高，市场竞争激烈，品牌非常多。那么，怎样使自己的产品赢得更多的关注呢？大部分手机厂商都会运用产品发布会的形式来做产品的宣传推广，以此增加产品的曝光率。

销讲场景

雷军也十分擅长销讲，他曾身兼金山公司、YY、猎豹移动三家上市公司的董事长，如今是小米的掌门人。多年的商海打拼，使得他早已练就了娴熟的演说技巧，他深谙演讲的窍门，每一次在发布会上演讲，其镇定悠闲的演讲风格都会给人以轻松的愉悦感受。

在印度的一场发布会上，他说出的那句"Are you OK"被改编为鬼畜音频，成为网络上的热点，吸引了众多年轻人，也在不知不觉间加深了大家对小米的好感度。

雷军在小米发布会上为用户展现了一种情怀，使用户感受到小米手机对用户的用心。

而华为手机的产品发布会则为产品贴标签。华为手机CEO余承东在每一次发布会上都会说出令人惊奇的话语，他说："靠促销员忽悠的地方，对我们不太有利。"这番话是在说，华为公司从不依靠促销员来增加销售，而是以科技和技术创新领先业界。

他还说："以前消费者总以为苹果手机或者三星手机才是最好的智能手机，我们有决心让他们转变观念，因为我们华为也可以制造出最好的手机。"

这番话为华为贴上了以超越苹果和三星为目标的标签。由于每一次都为华为手机贴上不一样的标签，使华为手机得以在竞争激烈的市场中立足，并逐渐占领最高的市场份额。

在销讲过程中对产品进行宣传推广，除了可以增加产品的曝光率，使产品更有名以外，更关键的是可以增加产品的销量，扩大企业的利润。因此，销讲具有双重作用，既能推广产品，也能增加销售。

如果销售人员在推销产品时，与某位客户单独见面交谈，成交率最多只有50%。假设你销售某价格为1万元的产品，提成为20%，也就是说，你每卖出一件产品，就可以获得2000元的提成。在与客户单独见面时，不管你是多么厉害的销售人员，也不可能每一次都能成功，但不管成功与否，都要花费2~3个小时进行沟通。

假如你同时面对100个人做销讲，也是花费2~3个小时，哪怕成交率只有十分之一到五分之一，至少也有10~20人购买产品，使你获得2万~4万元的收入。这样一对比就会发现，销讲与单独销售相比，在相同的时间内收入可以增加10倍以上。由此可见，销讲能够有效地创造财富。

二、销讲与演讲的区别

任何销售人员都必须掌握销讲技巧。销讲技巧既要求销售人员精准地洞悉消费者心理，也要求销售人员掌握与消费者沟通的技巧，并且在销讲过程中要展现出精彩的演讲风格，只要符合这三点要求，现场成交的可能性极高。

不过，很多销售人员对销讲的认识存在误区，他们总认为销讲和演讲是相同的，无非是在演讲时售卖产品而已。实际上，销讲和演讲的区别很大（见图2-1）。尽管销讲的形式与演讲相似，需要使用一些演讲的技巧，但销讲的主要目的是售出产品。为了成功地卖出产品，不能只运用演讲技巧，还应该运用销售学和心理学的知识，而这必须经过专业化的培训才能有效执行。

因此，要想说服听众购买自己的产品，接受自己的品牌，销讲人不能只满足于做一个演讲者，要具有心理学家的能力，同时还要具备良好的促销能力。一个出色的销讲人，一定要具备以下特质或能力（见图2-2）。

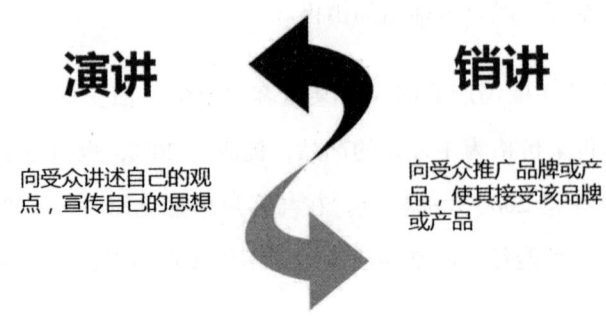

图 2-1 演讲和销讲的区别

图 2-2 出色销讲人应具备的能力

通过本节的讲述,我相信大家应该可以看出销讲与演讲的不同了。要想成为一名出色的销讲师,应该将演讲和销售的技巧相互结合,激发在场听众的心理共鸣,使其产生购买欲望,从而心甘情愿地当即成交。

总的来说,销讲能够起到很多作用,对于销售人员来说,就是通过这种方式来宣传推广产品或品牌,打造知名度,卖出产品,收回资金。同时,销讲还能够扩大人脉网,要知道,人脉是非常重要的,一个人的人脉越广,就越容易做成某件事,对于销售人员来说也就更容易卖出产品,为自己增加财富。

销讲在销售人员的工作过程中占有十分重要的位置，每一位销售人员都应该努力提升自己的销讲能力。

2.2 一场成功销讲要具备的五大要素

随着市场环境的变化，市场竞争日益激烈，销讲已经成为一种有力的武器，能帮助企业家和销售人员在竞争中脱颖而出。无论是与客户打交道，还是合作、谈判、招商、路演，都离不开销讲，销讲可以帮我们开拓市场、赢得商机、建立人脉。可以说，成功的销讲是我们事业和人生的重要助力。

一场成功的销讲，必须要能够说服别人、打动别人、感染别人。我认为，一场成功的销讲必须具备幽默、激情、智慧、目标和感动这五大元素（见图2-3）。

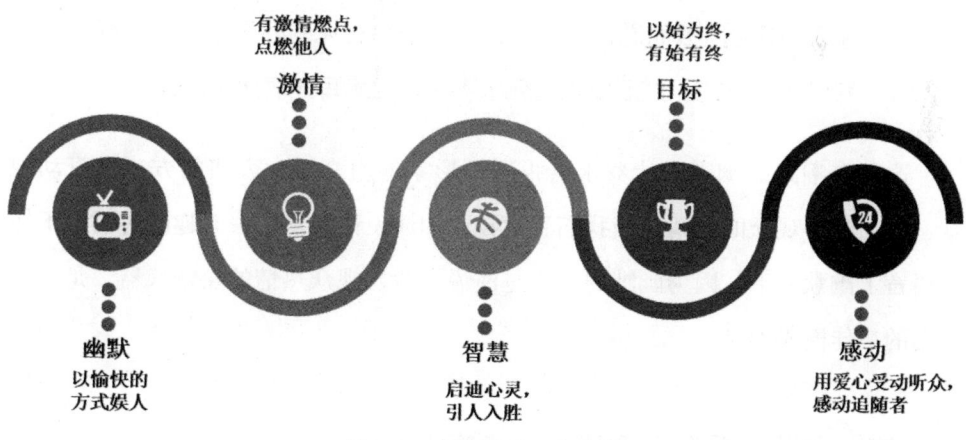

图 2-3　成功销讲五大要素

一、幽默：以愉快的方式娱人

销讲从本质上，就是演讲。成功的演讲不会过于严肃，反而透着幽默的欢声笑语，幽默是拉近观众和演讲者之间距离的有效手段。现场观众如果被幽默的演讲内容逗乐，正好可以说明演讲的内容被观众听进了心里。枯燥的开场白，无聊的说教，这些都只会让观众觉得了然无趣、烦闷发困。如果你使用了一个幽默的开场白，很容易就抓住观众的注意力，毕竟人都喜欢听一些喜悦快乐的话，这才是观众真正爱听的演讲。

> **销讲场景**
>
> 锤子科技的创始人罗永浩就是一个典型的幽默演说家，他的演讲经常有一些幽默语录爆出，这也是罗永浩有众多忠实粉丝的原因，大家把他的语录奉为经典。比如，罗永浩自嘲："我是一个土鳖，所以我特意选择一些有留洋背景的老同事、老朋友，因为据说一个土鳖领着一群海归创业是一个很美好的景象。"
>
> 这种幽默的自我嘲讽，是罗永浩的一贯风格，就连他拍摄的短片也不例外。2018年，一则搞笑调侃星巴克咖啡分杯规则的视频爆红抖音，视频中罗永浩去星巴克买咖啡，他跟服务员说要中杯（中间大小的杯子），服务员跟他说，那叫大杯，因为星巴克的杯子是按照中杯、大杯和特大杯分的。然后罗永浩就很不爽，自扇耳光表达不满。

这种自嘲式的幽默，让罗永浩很轻松形象地用言语和表演的方式来打动观众，成功吸引观众的眼睛。当我们感觉自己的演说让观众失去兴趣的时候，不妨在语言上幽默一下。因为幽默的言语是演说者激发观众热情的秘密武器，是双方互动的最佳模式。

二、激情：要有激情燃点，点燃他人

在现实中，有的人说话能引起别人的兴奋，逗得大家一起高兴；而有的人说话只会"自嗨"，让听的人不知所云，甚至恼怒。作为演讲者，不能只是自顾自地站在台上自说自话，而应该想办法引爆全场观众的激情。只有演讲者自己先有激情，才能通过这种激情去进一步感染其他观众，并最终引爆观众的激情。

俗话说，梦想创造激情。一名演说者如果想要用自己的激情去感染他们，首先要做到的就是在演讲现场要对他人灌输自己的梦想；其次是使用"演"和"讲"的技巧，使演说更有感染力。

一篇有激情的演讲稿是演讲者"煽动"激情的不二法门。提前准备好的演讲稿，能帮助处于"词穷"状态下的演讲者找回思路，重新回到演讲的激情中来。

最后，演讲者要注意自己的结束语，一段富有激情的结束语能给观众带来深刻的印象。

三、智慧：启迪心灵，引人入胜

有智慧的演说内容，最能体现演说的价值。我所说的智慧演说，不是演说内容多专业，显得多有文化内涵。一般演讲的听众并非专业人士，太过于专业的词汇只会让听众听得懵懵懂懂。而智慧的演讲不一样，智慧体现的是一种充满哲思的观点，让观众能从中思考和感悟。

> **销讲场景**
>
> 我曾经听过这样的一个寓言：有一只猴子抱着一只装满果子的杯子准备回家，恰好它又看到还有一个果子掉在路上，猴子弯腰去捡，却不料路上的果子没捡着，杯子里的果子却掉了一地。这个结果让猴子感到十分沮丧。同样，这个故事让我们联想到自己也常遇到的尴尬一幕。

作为听众，我们会从故事中思考，生命的得与失，是转瞬之间的事，如何正确地把握生命的每一个时刻，确实是一个智慧的问题。

四、目标：以终为始，有始有终

演讲者必须要有演讲目标，有目标才能说服听众，没有目标，谁知道你讲的是什么呢？任何一场注定成功的演讲，从写演讲稿的时候开始，就已经明确演讲的目标了。

有经验的演说家，在演讲时看似脱稿，其实演讲的内容都没有偏离他设定的目标。无论演讲者使用的是幽默的故事，还是激情的语句，抑或是充满哲理的观点，最终都不过是为一个目标服务。我们事先预定一个有着清晰目标的演讲稿，然后使用各种技巧，让观众和演讲内容产生共鸣，将观众的注意点一步步地引向这个目标。

有目标的演讲是提升观众信任度的有利方法。每一种演讲的目标都不一样，乔布斯在苹果手机发布会上的演讲是为了推广苹果手机；胡哲的演讲目标是为了鼓励观众，让观众重新燃起奋斗的勇气；而我的演讲，就是为了鼓励创业企业的CEO，向他们传授企业是如何走向成功的……

无论是站在企业的角度演讲，还是站在个人的角度演讲，无论演讲的目的是销售产品，还是传播知识，只要我们有明确的目标，而且能让观众信服，那么，我们的演讲就是成功的。

五、感动：用爱心感动听众，感动追随者

感动是人类的情感之一，演讲者以富有爱心的演讲感动观众的内心，使观众因为感动被说服，这就是感动式的演讲。一个演讲家的"爱心"，不仅是内心对演讲的小爱，更是对观众的大爱。每一个演讲者都是本着"爱"的内容来演讲的，李连杰的慈善演说是一种"爱"；罗永浩的情怀演讲也是一种"爱"；就连马云"忽悠"别人的演讲，同样也是一种"爱"……因为在演讲中，有爱才有情感，有情

感才能让观众相信他们、崇拜他们，才有人愿意追随他们。

"告诉他们，接纳他们。把你的精力、热情以及风度充满整个房间。"这句话就是感动演讲的核心所在。我们可以想象这样一个场景：演讲者把自己的感情通过演讲的方式告诉观众，并且接纳观众反馈的感情。通过演讲舞台，演讲者的精神面貌、气质风度，完完全全地影响着整个现场。当感动式的演讲进入高潮，整个现场都变成了演讲者的领地，所有踏入这个演讲领地的人，都会被演讲者感动并吸引，这场感动演讲，也就取得了最大的效益。

2.3 打开能赚钱的销讲思路

其实，不管是做销售，还是做演讲，都需要一定的逻辑思维，销讲也是如此，它需要销讲者具备完整的思路。所谓"思路决定出路"，只有销讲者拥有完整、系统的思路，才能打开赚钱的销讲思维，才能使销讲实现利益最大化。

然而，站在不同的立场，身份不同的销讲者在做销讲的时候，就会出现思维上的不同。显而易见的是，只有具备良好思维的销讲者才能让销讲产生出更多的价值。

下面，就让我们一起了解身份不同的销讲者所具备的思维将会如何体现吧。

一、销售员的思维

站在销售员的立场上，其销讲的出发点和归属点都是为了卖出产品，通过卖出产品来满足顾客的需求，同时也在卖出产品的成果上体现出自己的价值。

从销售员的立场出发，便由此得出销售员的思维具有以下四种（见图2-4）。

 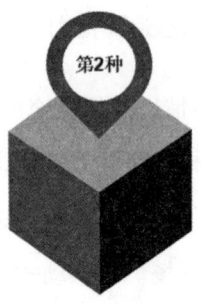 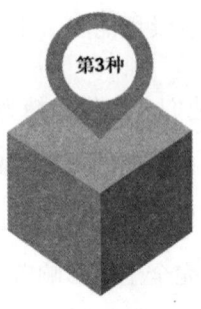 

销售员思维的起点是工厂　　销售员思维的关注点是产品　　销售员的手段是销售　　销售员思维的结果是如何提高销售量

图 2-4　销售员的四种思维

❶ 销售员思维的起点是工厂

由于销售员所销售的产品是来自于工厂的，所以销售员思维的起始点便是工厂，然后再由工厂开始了解产品信息、商家信息和客户信息。

❷ 销售员思维的关注点是产品

销售员主要的关注点都在产品上面，因为任何一种产品，都不可能十全十美，或多或少都会有优点和缺点。而这些产品信息确实是需要销售员必须全面掌握的。

❸ 销售员的手段是销售

销售员主要的手段是销售产品，销售产品就是销售员的本职工作。不管是世界著名的推销员乔·吉拉德还是职场中平凡的销售员，都是脱离不开"销售"这一获利手段的。

❹ 销售员思维的结果是如何提高销售量

销售员思维直接带来的结果，就是考虑如何去提高产品销售量，以此为自己和公司带来经济利益。

第 2 章
认知系统：演讲？销讲？你分得清吗

根据销售员以上的四种思维，我们可以看出，销售员的目标是销售，而销讲是销售中的一个重要手段。所以销售员需要完全了解销讲的销售系统，掌握销售员应具备的赚钱思维与方法，才能销售出更多的产品，从而让公司获取利益。

二、企业家的思维

作为一家企业的管理者，企业家同样也需要有一套自己独特的销讲思维。因为销售员的思维主要决定了产品销售量和盈利效果两个方面，而企业家的思维则掌控了应当如何将公司的产品投放到市场上，并且最大限度地满足顾客的需要，进而实现企业的盈利目的。

那么，现在让我们从企业家的角度出发，一起来看看企业家的四种思维（见图2-5）。

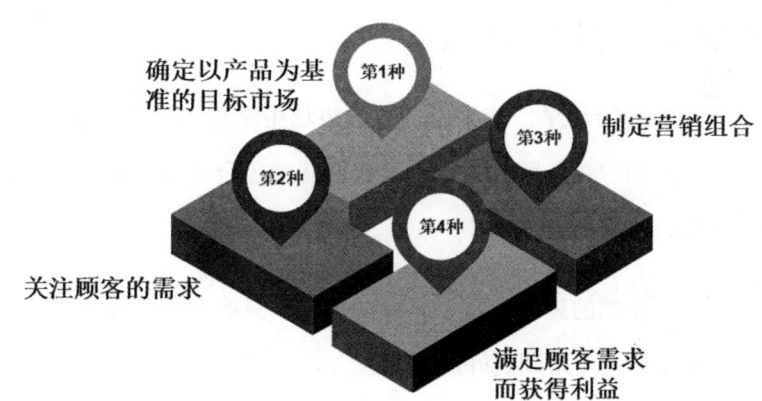

图 2-5 企业家的四种思维

❶ 确定以产品为基准的目标市场

企业家思维的起点，是先确定以企业产品为基准的目标市场。任何一家企业都会拥有属于自己的主打产品或特色产品，所以要根据产品的特性来分析定位目标市场，借此进一步锁定对产品有需求的顾客，以便把产品顺利地销售出去。

❷ 关注顾客的需求

企业家思维的关注点主要是在顾客的需求上。只有充分了解并掌握顾客的需求，企业家才能有效地定位目标市场，并且顺利地决定企业产品的销售方向，以及产品在未来的市场中可能会出现的变动。因此，企业家只有每时每刻地关注市场行情，才能把握住整个市场的趋势与风向。

❸ 制定营销组合

企业家思维的主要手段，就是通过市场行情和顾客需求来制定出一套最优的营销组合，这里的营销组合，就是指一家企业为了实现销售最大化而制定出来的一种营销手段。一般情况下，企业家都会通过企业产品的价格、销售模式、销售渠道以及促销活动等，来制定出最符合市场和企业的营销组合。

❹ 满足顾客需求而获得利益

企业家思维带来的结果，就是通过满足市场中全部顾客的需求而获得效益。可见，确定目标市场、关注顾客需求以及制定营销组合等方面的工作，都是企业为了实现销售目的而进行的。

由此可见，企业家的思维决定了企业的出路，只有企业家具备完整而系统的企业家思维，才能让企业得到更好的发展。

三、赚钱的三大思维

通过学习销售员思维和企业家思维之后，我们知道，不管是销售员还是企业家，他们的最终目标都是为了给自己和企业带来盈利。

所谓盈利，就是指赚钱。然而，赚钱也有它自己的销讲思维。通常，不同的人所具备的赚钱思维有所不同。但凡是能为自己和企业赚钱的人，都是成功者，他们之所以能成功，往往离不开以下的三大赚钱思维（见图2-6）：

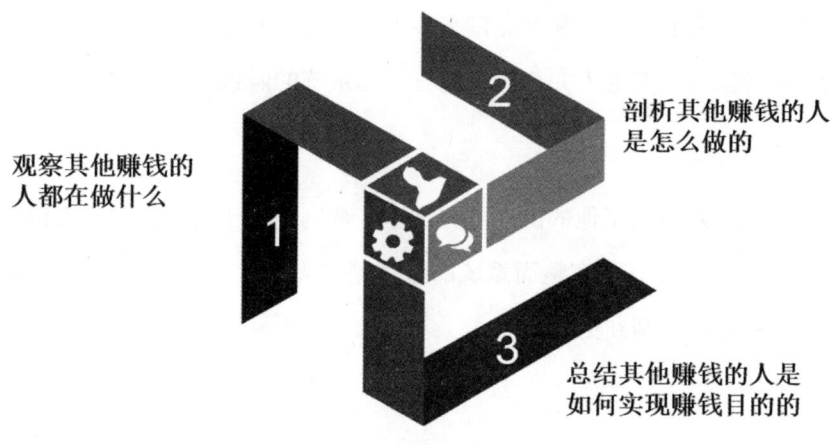

图 2-6　赚钱的三大思维

❶ 观察其他赚钱的人都在做什么

我们要观察其他赚钱的人在做什么，并从中学习他们的优点，对于他们的缺点，我们要知道如何去避免，以防自己犯一样的错误。还有我们可以学习他们的赚钱模式，并且知道在原有的模式上进行挖掘创新，尝试超过通过原有模式赚钱的人。

❷ 剖析其他赚钱的人是怎么做的

我们要剖析其他赚钱的人是怎么做的，该思维主要是为了便于自己学习，以防自己犯其他人已经犯过的错误，并且还能从中获取到一些有利的经验。因为有时候，获取好的经验比赚钱还要重要。

❸ 总结其他赚钱的人是如何实现赚钱目的的

我们要善于总结其他赚钱的人是如何实现赚钱目的的，他们既然能够赚到钱，就说明他们肯定有一套自己赚钱的办法，当然这其中必然也存在某些失误的地方。但不管是他们成功的经验还是失误的教训，都有值得我们学习的地方，因为这些能够帮助我们激发自己的思维，从而带来更好的创新想法。

可见，一个人能为自己和企业带来多大的收益，取决于自己的赚钱思维。所以不管是企业家还是普通人，都应该拥有一套系统的赚钱思维，才能实现销售最大化。

一个人的思路决定了他的出路。在这里，特别是对于通过销讲实现销售目的的销售员而言，只有具备完整而系统的赚钱销讲思维，才能找出一条赚钱之路，才能为了自己和企业赚到更多的钱。

| 第 3 章 |

能量系统：
突破演讲恐惧，敢于上台

成为销讲师的第一步就是克服紧张和恐惧心理，敢于上台。这需要销讲者夯实自己的演讲基本功，学会控制自己的语言、声音和肢体，让自己成为一名自信的演讲者。当销讲者以充满激情的状态站上演讲台时，他的领袖气质也会变得越来越强大。

3.1 突破紧张和恐惧的五个方法

每位成功的演讲者，都具有自信洒脱的风采，他们站在讲台上口若悬河、滔滔不绝，用自信和气场征服台下的听众。相信每个人都想成为这样光芒四射、魅力十足的演讲者。可是，现实的情况往往是事与愿违，很多人都被恐惧和紧张捆住了手脚。

很多人在演讲之前明明准备得很充分，但却因为恐惧和紧张而影响了发挥，实在令人遗憾。可是，要做好销讲就必须要突破这一障碍，克服内心的恐惧。那么，我们应该怎样做呢？

首先我们应该要做的是，弄清楚自己内心的恐惧感为什么产生。心理学家指出，恐惧是一种有效的反应方式，是人面对外界刺激和困难时产生的一种心理准备。当我们有了这种心理准备，就可以涌现出一股应对外界困难的力量。可见，恐惧也有好的一面。但是，持续不断的恐惧会使我们的整个身心陷入紧张状态中，这样就会引起我们的机体内部失衡，并产生疾病。所以，我们应当学习如何消除自己的紧张和恐惧情绪。

我觉得，建立足够的自信心、做好充分的准备以及培养适应变化的能力，是消除我们演讲时紧张和恐惧情绪的有效途径。在这里，我总结了一下自己的演讲经验，得出了以下五种消除紧张和恐惧情绪的方法（见图3-1）。

图 3-1　消除紧张和恐惧情绪的五种方法

一、自信暗示法

作为演讲者，我们不要在上台前过多地去想那些可能造成演讲失败的因素，比如"听众笑话我怎么办""我讲不好怎么办""我忘记演讲词怎么办""不要害怕不要害怕"等。其实，这种负面的自我心理暗示才是导致演讲失败的主要原因。

在日常生活中，我们经常看见这样的情景：当妈妈看到小宝宝手里拿着一个玻璃杯子的时候，她总担心小宝宝把杯子打碎了，就会不断地叮嘱小宝宝说："小宝贝，不要打碎杯子，不要打碎杯子，一定不要打碎杯子！"结果杯子还是被小宝宝打碎了。更有趣的是，到了晚上，在小宝宝睡觉之前，妈妈总是不断地叮嘱道："小宝贝，今晚不要尿床，不要尿床，一定不要尿床！"结果是小宝宝又尿床了。

这是为什么呢？因为从心理学的角度上讲，人的潜意识是分不清是非对错和正确与否的，人的潜意识只接纳肯定的信息。那些不要害怕、不要打碎、不要尿床等否定信息都被潜意识统统排除出去，它只接纳紧张、打碎和尿床等肯定信息。

所以，作为演讲者，我们要对自己的演讲题材和演讲效果充满信心，更要从精神上给自己加油打气，鼓励自己去争取成功。通常来说，我们可以采用下面这些积极和正能量的话来反复暗示、刺激自己。比如：

"我的演讲题材非常有价值，听众肯定会喜欢。"

"我有幽默感，听众一定会觉得有趣。"

"我已经准备得很充分了，演讲肯定会成功的。"

"我的演讲肯定会成功，听众肯定会鼓掌喝彩的。"

……

这样的积极心理暗示，每次我做演讲的时候都会采用，所以我的演讲效果比较好。

二、提纲记忆法

初学演讲者通常是把背诵演讲稿当作准备充分的标志。这种背诵记忆法，对初学演讲来说，可能是一种必要的准备手段。但是，背诵演讲稿依赖的是机械记忆，一字不漏的记忆会让演讲者耗费过多的时间，同时让演讲者容易产生心理麻痹。

在实际演讲的过程中，只要演讲者因怯场、听众吵闹和设备出现故障等因素而阻断了自己的演讲思路，这时，演讲者的机械记忆的链条就会被割断，其脑袋将出现一片空白，造成演讲无法进行下去。

另外，演讲者的这种过度背诵记忆法，就很容易出现一种机械单调的"背书"式节奏，从而使其缺乏演讲者应有的激情和气场。

销讲场景

著名的政治家、演讲家——丘吉尔,他在年轻的时候,也经常先背诵演讲稿,然后再发表演讲。在一次国会会议的演讲中,丘吉尔突然忘掉下面即将要讲的一句话,他不断地重复最后一句话,但就是回想不起来下面即将要讲的那句话是什么,最后他只能满脸羞愧地走下台。从这以后,丘吉尔再也不用背诵演讲稿这种准备方式了。

对于大多数的演讲者,我们通常提倡采用提纲要点记忆法。提纲要点记忆法的一般步骤如下:

❶ 做好与演讲相关的笔记

先将我们演讲的主题、论点、事例和数据等材料做好笔记,再整理成一张张容易翻阅的卡片。

❷ 整理一份演讲提纲并做好小标题

对卡片上的材料进行分析比较后,再做补充,最后整理成一份大致的演讲提纲,提纲标注各段的小标题。

❸ 补充小标题对应的定义

在各段的小标题下方按照顺序补充对应的定义、概念、数据、地名、人名和关键词句。

完成以上三个步骤,我们的这份演讲提纲才算基本完成了。而通常情况下,我们在进行整理演讲材料和编排纲目的时候,就已经通过反复思考来掌握自己的演讲内容,在演讲时也就只是把演讲提纲当作提示记忆的依据。

三、目光训练法

初学演讲者经常不敢正视听众,更不敢与听众进行眼神交流,于是就有了抬头、低头和侧身等不雅观的动作。作为初学演讲者,我们应该要大大方方地正视听众,这是对听众的一种礼貌,更是我们与听众进行互动交流的需要。那么,如何与听众进行眼神交流呢?我们不妨按照以下的方法来进行训练。

第一种方法:找人来跟自己对视,并且在对视的过程中两人都不要说话。

第二种方法:每当路过跳广场舞队伍的时候,故意从队伍的前面经过,并且用目光看着跳舞者,想象自己在对他们进行演讲。

第三种方法:每次在坐地铁的时候,想象着正在对乘车人进行演讲,并用眼神与他们交流。

……

其实,除了以上的目光训练法之外,还有很多其他的方法,这就需要我们平时多多观察,经常训练。只要我们在台下养成习惯了,那么当我们上台看到听众的时候,也就显得非常自然了。

四、呼吸、动作调节法

做适当的深呼吸可以帮助我们缓解紧张、烦闷与焦躁的情绪。所以,当我们在演讲发生怯场的时候,可以通过做深呼吸来调节自己的心理和生理机制:我们先将自己的全身置于完全放松的状态,再把自己的目光转移到远方,最后再做缓慢的腹式深呼吸,连续做五到十次,甚至更多次。

就像运动员、主持人或者歌星一样,他们在上场之前也会做深呼吸来调节自己紧张的情绪。这种方法在心理学上叫作注意力转移法，就是指把注意力从担心转移到深呼吸上，借此使自己完全放松下来。

另外，当我们在台上感到又紧张又害怕的时候，会发现自己浑身的肌肉紧缩着，掌心都冒出了冷汗。这时，我们要是换个动作或者姿势，就会减轻自己的紧张程度。通常，我们会握紧自己的双拳，握紧到不能再紧之后再放松，这样的动作多做几遍，慢慢地，我们的身体就会放松下来，这种方法叫作动作调节法。

当然，这种动作调节法，还有另外一种，就是每当我们感到紧张的时候，就用力掐自己一下，马上就能使我们的注意力分散或者转移，这种方法很简单也很实用。

五、预讲练习法

与上面的几种方法做比较，显然更重要的是靠我们平时多讲多练。如果讲一次不行，就讲十次；讲十次还不行，就讲三十次，甚至五十次……讲的次数越多，自己就越有把握。

一般情况下，预讲练习有以下两种方式：

❶ 自己撰写或模仿演讲题

为了纠正我们的语音语调，提高我们遣词造句的能力，训练我们的形体语言，我们可以自己撰写一个演讲题，或者是模仿名家的演讲，在一个无人打扰的地方独自演练。就像著名演讲家——林肯，他在青年的时候就常常模仿一些律师和传教士的演讲，在森林或玉米地里独自演练。

❷ 进行反复试讲

为了参加正规的演讲比赛或在较高规格的会议上做演讲，我们就有必要事先进行反复地试讲。试讲的时候，最好邀请自己的一些朋友来充当听众。这样一来，不仅可以模拟现场气氛，而且还可以听取朋友的意见和建议。

我自己也常常在散步的时候反复练习演讲，更多的时候是在正式演讲之前，我会选择在办公室里对着大镜子进行练习，这样能够让我更好地发现自己的面部表情或手势有没有缺点。如果有缺点，自己就可以及时纠正过来。

通过大量的预讲练习来帮助我们建立足够的自信心，同时还有利于我们更好地去发挥，避免因为自己准备不足或不熟悉演讲环境而引起的恐惧感。所谓"熟能生巧"，就是这个道理。

我就是通过上面提到的五种方法逐步克服恐惧和紧张的，希望能对大家有所帮助。不过，掌握方法只是第一步，根据这些方法不断地训练自己，提升自己的演讲能力，才能真正地突破恐惧，要知道，自信是建立在实力之上的。

3.2 如何打造自己的演讲基本功

要成为一名合格的演讲者，必须拥有扎实的基本功，要学会用脑，熟记演讲稿，掌握科学的记忆方法；还要会用口，提升自己的语言表达能力，学会用语言表达思想、传递感情。同时，还应该掌握正确的肢体语言，学会在演讲中正确运用手势和站姿，运用目光和停顿与听众交流。

一、训练记忆力

记忆的功能是方便人们丰富知识、储存日常积累的经验，也是人们成长史上

第 3 章
能量系统：突破演讲恐惧，敢于上台

必经的一个发展过程。尤其是在演讲中，记忆力的好坏将直接影响着演讲者的大脑思维与心理活动，毫不夸张地说，记忆力在演讲活动中起着重要作用。

因为绝大多数演讲都要求脱稿，所以我们要熟记自己的演讲稿。如果记不住演讲稿，只能读稿子，那么演讲效果就会大打折扣。如果你总是照本宣科式地演讲，那么表情就会过于木讷，少了声情并茂的表情与动作，又将注意力过于集中在演讲稿上，再精彩动听的内容也显得寡然无味。而且，将注意力过于集中在演讲稿上，势必无法与顾客产生互动，没有互动，想要将演讲的气氛推向高潮，绝非易事。

因此，我们可以得出这样一个结论：不熟记，无以演讲。演讲者只有加强自己的记忆能力，熟悉和牢记演讲稿内容，才能实现脱稿演讲，从而提升自己的演讲基本功。具体如何做不妨参考以下技巧（见图3-2）。

图 3-2　训练记忆力的五个方法

❶ 朗读法

想要运用脑海中的记忆来实现脱稿演讲，不妨运用朗读法，以达到"烂熟于心"的目的。因为人的大脑在接受来自外界的信息时,会由于接受器官的不同,而造成记忆的保持率不同。

有科学家经过相关试验发现,人在接受外界认知时,用眼睛去看,3小时后的记忆维持率在85%,3日后维持率在20%;用耳朵去听,3小时后的记忆维持率在70%,3日后维持率在10%;但如果同时运用口、眼、耳三者相结合的朗读法来记忆,3小时后的维持率在85%,3日后的维持率在65%。

从这些数字中可以看出,用口、眼、耳三者相结合的朗读法来加强记忆,其效果更为显著。朗读法的好处,不仅有利于增强记忆,还能有效地锻炼口才表达能力。

❷ 纲目法

纲目法其实并不难理解,它是指演讲者重点抓住演讲者的大纲和目录,以此来展开与产品相关的问题阐述,这样就能解决忘词的窘境。

比如,叙事型演讲稿一般都会涉及事情发生的时间、地点、起因、过程、结果等方面的要素,这类型的演讲稿在记忆时便可以采用纲目法,只需要提纲挈领地抓住几个关键点,就能由此而联想出其他的内容。

❸ 形象法

形象法也就是我们常说的画图法,运用图文并茂的方式来巩固脑海中的记忆。根据某权威机构的一项心理学研究发现,人的大脑对一些事物的具体形象容易产生熟悉的感觉,且在这种熟悉的感觉下产生更深层次的联想。因此,形象法也是加深记忆的一种有效方式。

❹ 联想法

很多人都知道,大脑只有展开丰富的联想才能创造发散性思维,从而实现创新的目的。不只是创新，在记忆方面也是如此，运用联想法来展开记忆，可以将人们之前体验过、想象过的一些潜藏在大脑深处的事物和言语，挖掘出来展开丰富的联想，以便大脑重新储存这些记忆。

相信很多演讲者都历经过演讲"卡壳"的情况，其实我也遇到过，现在的我之所以能在任何场合的演讲上畅所欲言、收放自如，也是运用了一些技巧来规避这种现象的。我会在一些容易"卡壳"的环节做出标记，然后运用联想法，将与演讲有关的事物，不管是听到、看到还是感觉到的，只要是有关联性的，都挖掘出来展开联想，用联想法来解决"卡壳"时忘记的内容。长此以往，我的记忆力便自然而然得到了提升。

二、掌握口语表达的技巧

众所周知，演讲要想获得成功，离不开一个好口才。而口才的好与坏，又来源于演讲者的口语表达能力，口语表达能力好，演讲过程中便不会脱泥带水，频频出现"这个""那个"之类的词。而且，再好的演讲内容，若演讲者的口语表达能力差，只会让演讲黯然失色。

"冰冻三尺，非一日之寒。"好口才并不是与生俱来的，大多是通过后天的锻炼慢慢培养出来的。

我在成为一名销讲师之前，也曾口齿不清，发音不准。为了锻炼自己的口语表达能力，让自己早日走向演讲的道路，也历经了许多磨炼，口含鹅卵石，每天在空旷的场地练习，以提高自己的表达能力，后来我才能在讲台上挥洒自如地演讲。

口语表达能力的训练，除了勤学苦练外，还要掌握一定的表达技巧，只有掌握了这些规律和表达技巧，才能提升口语表达能力。具体来说，我们可以从发音、语句、语调三个方面来进行练习和提高。

❶ 发音准确、清晰、优美

声音是我们向顾客宣传产品优势与卖点，达到成功销售的一个重要传播途径，因此，发音一定要准确、清晰、优美，使顾客能在我们悦耳动听的声音下，接收到我们丰富多彩的思想感情，并从这份情感中感受到我们所销售的产品的魅力。

那么，如何才能使自己的声音悦耳动听，达到一个最佳展示效果呢？在回答这一问题前，我先来向大家解释下发音的最佳状态是怎样的。

通常，最佳状态呈现为：吐字清晰、语气温和、节奏过渡自然、声音洪亮、清脆悦耳，且声音具有一定的穿透力，语调能随着内容的变化而产生相应的变化，能确保在场的每一位顾客或观众对我们所要表达的产品理念与性能，有一个清晰的认知。

当然，要想让语言的表达呈现一个最佳效果，还需要做到以下几点（见图 3-3）。

图 3-3　声音呈现最佳效果需做到三点

（1）字正腔圆

所谓字正腔圆，其实就是强调语言的基本功，在字音的表达上，要注意区分平舌与卷舌、声母与韵母、声调与音节等，避免错读与误读。

（2）音韵配搭

之所以强调声调的重要性，其目的就在于声调能带来抑扬顿挫的视听感。而在语言中，双音节又占据着很大优势，它与声调的抑扬顿挫感融合在一起，能瞬间提升语言在表达过程中的响应度与节奏感。

在提升演讲基本功时，若能在音韵方面来一个巧妙搭配，口语表达能力不仅能得到提升，而且还能达到一个声情并茂的效果。

（3）声音洪亮

在向顾客推销产品时，如果你的声音如蚊虫般嗡嗡直响，无法让顾客听清楚具体的内容，势必会引起顾客的反感，如此一来，自然也达不到销讲的目的。所以只有学会控制气息，才能为发音准确、清晰、优美提供充足的动力。

❷ 语句流利准确、通俗易懂

在借助口语来向顾客传递信息时，一定要朝着语句流利准确、通俗易懂的方向去发展，力争顾客和听众一听就懂。当然，在借助口语时，也要注意一些口语的基本特点。

（1）句式短小，这一点恰恰弥补了销售演讲时不宜使用冗繁句子的劣势；

（2）通俗易懂，在表达方面，语言更显生动活泼，富有朝气；

（3）在数据方面不用过多强调精准，用图片或者PPT展示即可。

另外，使用"显而易见""依我看来"等表示个人倾向的词，使用"但是""除此之外"等连接词，也会使我们的演讲变得形象生动。

值得注意的是，在演讲时，不能为了美观性而采取随意的态度，对朴实的口语任意删减，这样很容易破坏语言的整体性与表达性。

❸ 语调贴切、自然、动情

语调的重要性不言而喻，它在演讲过程中起着辅助作用，能将演讲的内容真情实意地呈现在顾客面前。人们常说事有轻重缓急，殊不知语言也有轻重缓急，相同的一句话，若在表达上不注重语调的轻、重、缓、急，便会呈现出截然不同的效果。

比如："哇，这里真漂亮啊！"此话若用舒缓的语气表达内心的愉悦与赞赏，就会让人感到舒适惬意；但若用搞怪的腔调表达出来，则给人一种冷嘲热讽的感觉。因此，在语调的表达上，也要力求贴切、自然、动情，这样才能达到演讲的目的。

一般来说，人的大脑在表达坚定、果敢的情感时，语调会由轻变重；在表达欢快、责备的情感时，语调会由强变弱；在表达幸福、欣慰的情感时，语调趋于平稳，变得较轻。可见，一个人在表达内心情感的过程中，学会正确运用语调的变化，才能起到传情达意的最佳效果。

三、学会控制肢体动作

俗话说"站如松、坐如钟、行如风、卧如弓"，这四句话不仅是对一个人姿态与形象的写照，同时也体现了一个人的内涵。一个好的姿态与形象直接决定着他人对你的初始判断。尤其是在演讲中，肢体动作将决定着顾客对你的第一印象。只有敏锐地注意自己的形态，并适时做出相应的调整，才能以最好的形象示于人前。

那么，我们应如何控制自己的肢体动作呢？不妨从以下几个方面入手（见图 3-4）。

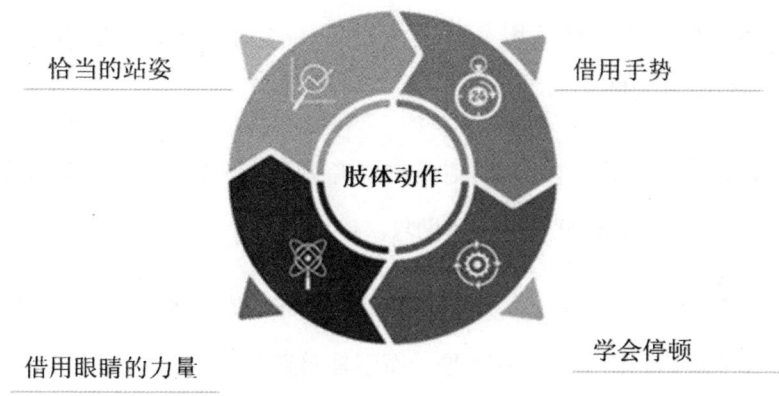

图 3-4 控制肢体动作的四个方法

❶ 恰当的站姿

既然是演讲，演讲者所面对的听众自然不在少数，在这样的公众场合下，诸如撩头发、扯耳朵、抖腿、搓手等这些小动作就应该避免。如果实在感到紧张，不妨讲个笑话来缓解一下。

通常，为了让演讲获得圆满成功，演讲者大都会保持站立的姿势，那么如何站才最为恰当呢？一般情况下，除了其前后交叉、两腿略微分开的标准站姿外，丁字步运用得较为广泛，它既能站稳又利于移动的特点，也使得其被诸多演说家接受。

当然，一个良好而恰当的站姿，不仅能让销讲者身心放松、心情愉悦，还有助于演讲的顺利进行。

❷ 借用手势

一个人的魅力与修养，往往可以通过其举手投足间的表现展示出来，在演讲中也是如此。一位著名的学者曾说："为了强调某个重要的观点，手势能缩短你和听众之间的距离。"灵活运用手势，不仅可以缩短距离，还可以为销讲活动增添不一样的色彩与风景。

但手势的运用并不是单一的，它是销讲者头部、双手、身躯、双腿等部位做出的一系列动作变换，以此来为销讲助攻。

当然，手势的运用也要讲究灵活与自然，千万不要生硬呆板。要知道运用手势是为了让演讲达到锦上添花的效果，而不是起到画蛇添足的作用。而且，运用手势时也要力求适当，并不是所有的言语表达都需要用到手势，也不是同样的手势动作重复得越多越好，重点是表现自然。

切记，不可将手插到衣服口袋里，那样不仅容易让肢体及动作受到限制与束缚，还会给人一种不尊重他人的印象。

❸ 借用眼睛传神

人们常说眼睛是心灵的窗户，这话一点不假。人的目光能起到传神的作用，若运用得好，将会给自己的演讲带来神助攻。下面我便结合自身经验给大家介绍几种借用眼睛传神的方法。

（1）前视法

前视法是指在演讲过程中，视线保持平行，视演讲内容的节奏来推进视线前进，最终将视线落到你与之进行互动的观众身上。

（2）侧视法

所谓侧视法是指将视线的走向由"Z"逐渐演变成"S"型。这种也是目前演讲中最常见的一类。

（3）环视法

从字面意思来看，环视也就是环顾四周，就是在演讲过程中，要从左到右、从上到下、从前到后，四周每个角落都环顾一遍，注意每位顾客的表情与动作，力争无遗漏。

当然，由于环视时视线跨越幅度较大，因此，在衔接上要力求过渡自然。这种方式比较适用于一些大型演讲场合。

（4）虚视法

正所谓"虚即是实，实即是虚"，将虚视法运用于演讲中，便可以营造出一种"眼中无顾客，心中有顾客"的真实感。此法也是目前运用较多的一种方式，它可以帮助你在销讲过程中克服、消除紧张感。

（5）点视法

点视法一般应用于演讲过程中特殊情况的处理，比如，与顾客在互动过程中产生一些不愉快的经历时，便可以运用此法来制止观众的不良反应与情绪。

（6）闭目法

闭目法自然是指将眼睛闭住。根据人们正常眨眼的频率来计算，一分种大概是5~8次，超过一秒钟以上就可算作是闭眼。在销讲过程中，若发现自己和观众的神情趋于紧张，内心久久不能平静时，便可运用此法来平复心情。

（7）仰视法

仰视法就是指视线向上，仰望天空。仰视法往往给人一种尊敬、思考的感觉。

（8）俯视法

俯视法则是指视线向下，俯视顾客。在表达宽容、爱护时往往采用此法。

值得注意的是，不管是采用以上哪种方式去注视观众，都要结合自身与演讲现场的情况来综合考虑、交叉运用。在运用的时候，严格把控节奏，并配以肢体语言与有声语言来从旁协助，以此提升自己的演讲基本功。

❹ 学会停顿

在演讲过程中，适当的停顿是增强现场感染力的最佳途径之一。但这里的停顿并不带有随意性，不是说你想停就停，而是要求在一些重要的词组、单词的前后做停顿，通过停顿来观察顾客对销讲内容的理解程度、对产品的接受程度。最重要的一点，可以借用停顿的机会与顾客产生互动。

既然有效停顿的好处这么多，那在具体实施时又会带来怎样的结果呢？下面我就为大家揭开谜底。

（1）使演讲者的力量更集中

当我们把一张纸放在凸透镜下，然后聚集阳光的热量来点燃它。如果我们不停地移动凸透镜，热量无法集中灼烧一点，那么这张纸是无法点燃的。若我们能停顿一会儿，热量就可以聚集，点燃纸张。在演讲中也是一样，我们要停顿一两秒钟来集中顾客的注意力，才能"点燃"他们的思想。

（2）使顾客做好接收信息的准备

人在呼吸时，会有吸气与吐气的过程，此时心脏会有一段间歇期，来缓解运转过程中的疲劳。其实顾客在听我们销讲的过程中，也会产生视觉与听觉上的疲劳。此时，我们可以适当地做一些恰到好处的停顿，给顾客一点休息与缓冲的时间，让他们能更好地集中注意力，来聆听我们的演讲内容。

销讲场景

李女士下班后去公司附近的万达广场逛街，想给自己购买一套换季的春装。进店后，销售员服务热情周到，对李女士喋喋不休地描述着自家店里的春季新款是如何时尚漂亮、优雅大方，保证李女士穿了之后回头率百分之百，言语间尽是恭维之词。

上了一天班略显疲惫的李女士，本想进店先自己挑选看看，可谁知一进店就被销售员的侃侃而谈给绕晕了，此举让李女士的心里很是窝火，脸上稍显愤怒之色。看情形不对，这位销售员改变了策略，对着李女士说："您先坐着休息会，随便看看。"

见李女士没有答话，销售员既不气也不恼，而是停顿了一会接着说："您喜欢哪件，可以随便试穿。"这时候，稍作休息的李女士回应道："把那件米黄色的衣服取下来我试试吧！""好的，没问题！"销售员将衣服递给了李女士。试穿后，对衣服很满意的李女士毫不犹豫地买下了这件衣服。

这便是停顿带来的好处，它可以给顾客和观众一些思考与休息的时间，从而更好地做好接收信息的准备。

（3）创造充满趣味的悬念

毫无疑问，充满趣味的悬念总是能给人一种惊喜与好奇，生活中正因为有了悬念，才充满了欢声笑语。演讲也是如此，用停顿来制造悬念，吸引观众的注意力，然后在观众的期待声中揭晓谜底，这样将能更好地带动观众的兴趣。

训练记忆力、掌握口语表达的技巧、学会控制肢体动作，只要充分掌握并融会贯通地进行运用，就能快速提升自己的演讲基本功，不管什么样的演讲场合，都能轻松应对。

3.3 如何达到说服力演说家的境界

有很多超级演说家活跃在各种各样的演讲台上，他们来自不同的行业，却都在演讲台上激情演说，表达自我，张扬个性，从而吸引听众的目光，同时给听众来带极强的现场感与参与性。这些魅力非凡的演说家都有着一个共同的特点——超强的说服力，因此，他们又被叫作"说服力演说家"。

许多人认为说服力和影响力是天生的，有的人天生就拥有令人信服的能力和气场。其实这种话是不对的，所谓"宝剑锋从磨砺出，梅花香自苦寒来"。我认为，说服力和口才都是要经过后天的训练来获取的。纵观古往今来，那些口若悬河、侃侃而谈的演说家，都不是天生的，而是经过后天的艰苦训练才获得的。

因此，我们应当坚信自己通过刻苦的训练也能达到说服力演说家的境界。现在，在我们讲具体方法之前，首先弄清楚为什么超级演说家拥有超强的说服力。

一、说服力的三大原则

说服行为能引起作用的地方，都是属于人内心当中的需求和欲望的。这就说明一点，说服是有规律可循的，而且我们每个人都可以通过训练获得说服力。说服力的三大原则见图3-5。

图 3-5 说服力的三大原则

❶ 互惠原则

所谓互惠原则的本质，就是双赢。在了解互惠原则之前，我们先读一个小故事。

> **销讲场景**　美国残疾退伍军人协会为了筹集资金，精心制作了一封信件寄给募集对象，当时协会得到捐款的回复率是18%。之后，协会为了答谢这些社会爱心人士，另外也想筹集到更多的资金去帮助更多的残疾退伍军人，于是在信件中放进了一个小礼物，结果回复率上升到了35%。

事实上，这个小礼物并没有很贵重，但是为什么会迎来显著的数值上升呢？其实，真正的原因不是在于这个礼物本身，而是在于人们实实在在地得到了点什么。

赠送礼物只是互惠原则中最原始的一种表现形式，但其产生的效果是很明显的。所以，作为公司的管理者，也可以采用这种互惠原则的方式，去获取更多的生意往来。甚至还可以采用互惠原则中更高级别的方式，比如为合作对象展示自己的期望目标，以此引导合作对象回应以相应的行为，从而促使双方之间形成良好的交往氛围。

❷ 好感原则

如果我们想要别人接受自己的观点或想法，首先要和别人做朋友，以此增加好感度。那么，我们应该怎么做呢？

我曾在杂志上看到过一篇文章，该文章指出："当人们知道周围的人有着一样的政治信仰和社会价值之后，彼此之间会更容易产生亲近感，甚至会产生肢体接触。"

同样的道理，一些公司的管理者和领导者，也可以弄清楚自己和合作者之间的共同之处，借此创造更多的交谈机会，以便能够快速搭建双方的情感连接，促使对方对自己产生好感。这样自己就可以树立友好亲切的形象，以便在今后的交往中，获取到更多的合作机会。

当然了，我们在与别人交往的时候，自己的目的性不应该这么功利，而是应该真诚以待。同时，当我们得到别人的信任之后，可以报以真心的赞美，以此促进双方产生更深层次的好感。

在《实验社会心理学》一书中提到一个观点：无论赞美的语言是不是出自真心，当人们听到别人赞美自己时，还是会产生好感。

所以，我总结了好感原则的运用要领：发现相同点，并予以真心的赞美。

❸ 权威原则

所谓 KOL，其全称是 Key Opinion Leader，是营销学中的一个概念，意思是关键意见领袖。一般情况下，KOL 人物会借助自己的影响力，来吸引粉丝，慢慢获取粉丝的接纳和信任，最后促使粉丝提升购买力。

KOL 与"专家"有着密不可分的联系。在现实生活里，大家都习惯于重视专家的说法，往往是专家怎么说，我们就怎么做，当然，这样一来，我们就可以节省很多时间,办事效率也可以提升很多。

根据研究表明,如果有专家在互联网上发表观点,那么就会引起社会上 2% 的舆论转向。如果有专家在电视上提出有些观点,那么引起舆论转向的数值则上升到 4%。

由此可见,当我们在进行交流的时候,适当地加入一些专家的意见,将会让人们更容易信服一些。

上面所讲的三大原则,都没有烙上"天才"的专用标签,这就意味着我们在做说服方案的时候,是可以借鉴这些原则的。待我们充分掌握这些原则之后,就可以做出正确的决策,还可以获取社交上的认同。

了解了说服力的三大原则以后,我们再来看看成为说服力演说家的具体方法。在上一节中,我们已经讲了演讲的基本功,在此我就不再赘述。但是,要成为一名优秀的说服力演说家,光掌握基本功是远远不够的,我们还应该在以下四个方面提升自己(见图 3-6)。

二、达到说服力演说家的境界的四大策略

图 3-6 达到说服力演说家的境界的四大策略

❶ 在陌生台上掌握主场，构建自己喜欢的场景，说自己熟悉的话

我们当中很多人一旦面对陌生人就会手足无措，这是因为害怕自己没办法掌控局面。这个时候，我们不妨构建一个自己最喜欢的情景。

（1）可以准备一段自己熟悉的段子，一个幽默风趣的自我介绍或者小笑话，这样就可以帮助我们找到主场感。

（2）可以采用"反控制"的方式，就是主动提出为听众做点什么，这样一来，就可以形成互动的氛围。

（3）可以在听众中搜寻几双认可自己的眼睛，然后盯着这几双眼睛做演讲，时间一长，我们就会变得越来越有自信了。待我们重获自信之后，再继续把眼睛转移到其他听众身上。或者，我们也可以事先请亲朋好友在台下配合自己。

（4）可以将听众想象为比自己弱小又有趣的人或事物，例如，将台下的听众想象为一群活泼可爱的小宝贝或小羊羔，而自己是正在给他们赠送礼物的大人。

❷ 保持阅读，提高自己的知识储备

许多人在毕业之后，就不会再读书了，因为他们认为没有读书的必要了。然而，读书对我们的事业成功起到重要的作用。很多事业成功的人每天都有读书的习惯，就算他们空余的时间很少，但是他们还是会保证每天花30分钟来读书。成功人士尚且如此，何况我们这些尚未成功的人呢？所以，我们就应该保持读书的习惯，通过读书，可以提高自己的词汇水平、知识和记忆力。而这些知识储备，能够帮助我们说话、做事更专业，更有说服力。

第 3 章
能量系统：突破演讲恐惧，敢于上台

❸ 演讲的主体是听众，演讲逻辑要按照听众的思考线索走

很多演讲者在做演讲的时候，都容易陷入这样的一个误区，就是他们的演讲逻辑是依照树状结构去整理的，但实际上，绝大多数听众的思维是线性的，这就导致了演讲者的演讲逻辑跟听众的思维逻辑不在一个频道上。

我们应该牢记一点，就是我们是为了帮助听众解决问题而来的，而不是自己想说什么就说什么的。因此，我们在进行演讲之前，最关键的一点是必须按照线性思维去整理演讲稿的主干，所讲的专业术语，一定要使用能够让听众听得懂的语言解释，这样听众才能领悟到我们的用意。

> **销讲场景**
>
> 乔布斯是一个非常厉害的演讲高手，在发布革命性的第一代 iPhone 时，他在发布会上说："我们今天要发布三款产品……"等他介绍完三款产品以及其对应的三种功能之后，他话锋一转说道："其实这不是三款产品，而是一款产品：iPhone。"他这种换个说法的方式，让听众一下子恍然大悟，演讲效果马上立竿见影了。

❹ 连接听众，必须拿出我们的"真性情"

每当我们在听别人演讲的时候，如果演讲者没有提前讲清楚自己的身份，我们就会疑问，这个人是谁？讲这个话题的目的是什么？他是一个专业的人吗？等等。所以，互换一下立场，如果我们是演讲者，又想要听众接受自己，是不是应该拿出自己的"真性情"？

所谓真性情，就是真诚、感性和热情，我们要明确告诉听众自己的来历。我们要向听众展现自己真实脆弱的一面，让听众在心里觉得："啊，原来他也跟我一样呀。"这样的心理感受，才能让听众消除对我们的抵触，进一步接受我们。我们还要对自己所讲的内容充满热情，同时认为自己非常厉害，一旦我们有了这种

自我认同感,自然就能调动听众的热情了。

　　成为一名说服力演说家,绝非一日之功,需要我们付出辛勤的努力。但我相信,只要找对方法,勤奋努力,每个人都能成为说服力演说家、成为销讲高手。

第 4 章
流程系统：
掌握黄金六大流程，成为销讲大师

销讲是一门艺术，更是一门技术，对销讲者来说，销讲的最终目的就是成交。为了达到这一目的，销讲者必须掌握销讲的流程和步骤。只有这样，才能达到最终目的。

4.1 销讲的步骤流程如何设计

销讲是一种技巧，也是一门艺术。对销售员而言，销讲是能够让客户掏钱买东西的关键步骤，也是让客户实现成交的必要手段。销售员要想成为一名金牌销讲家，必须掌握销讲的六大步骤（见图4-1）。

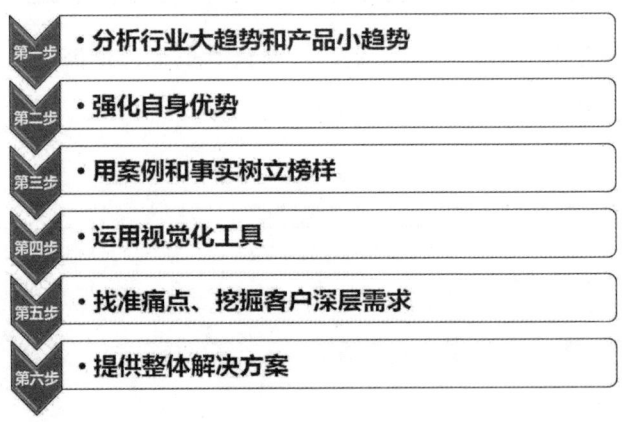

图4-1 销讲的六大步骤

一、分析行业大趋势和产品小趋势

我们知道，大趋势是代表某个行业的发展价值观，每个事物的发展都只有服从大趋势才能在社会上站稳脚跟。由于大趋势是大多数人认同的价值，所以销讲者应该借助自己所属行业的大趋势来取得客户的认同感，以大趋势为触角将客户拉到自己产品的小趋势上来，进一步促使客户从情感上认可自己产品的价值。

所谓趋势，就是指事物发展的大致方向。市场上的某一行业只要呈现上升趋势的情形，这时就会吸引大批人涌入，同时还会带动该行业内一切相关产品或服务的价格和销量。所以，多数客户都乐于追逐市场中呈现上升趋势的行业。

通常，每个行业呈现上升的状态都不是笔直的一条线，而是像抛物线一样弯弯曲曲的。不管多么好的趋势，也都是有峰谷和峰顶的。对销售员而言，客户看中的其实不是峰谷和峰顶，而是未来最可能出现的增长趋势。所以，销售员要是能在刚开始的时候就让客户看到行业发展的增长大趋势，那么，客户就会对该行业有信心，也就会促进双方的成交。

二、强化自身优势

销讲者一定要避开陷入"直降优势"这个误区，因为在这个世界上，没有什么事物是绝对完美的，包括我们的产品也是一样的，既有优点也有缺点。在讲解产品的过程中，我们要有技巧地强化产品的优势，尽可能地降低产品的劣势。这就是说，我们要重点突出产品的优势，用优势吸引客户。突出产品的优势，我们可以采用实例的方式来证明，也可以用反例的方式来衬托。

❶ 借用反例来衬托优势

当我们借用反例的方式来衬托产品优势的时候，要懂得适度行之，切不可陷入贬低竞争对手而抬高自己这样的雷区。

❷ 借用实例来证明优势

借助实例来证明产品的优势，这是销讲者通常采用的最佳方法。销讲者可以直截了当地举出其他购买者购买该产品时得到的益处，进而增加客户的信赖度。当然，借用实例来证明产品的优势不能只是单纯靠口头来说，还要借用其他实例中的图片、数据和音像资料等，这样才能让客户进一步感到我们产品的优势。

❸ 反其道而行，加强产品印象

所谓反其道而行之，就是一种逆向思维，它贯穿了我们的整个销讲系统。比如，当客户向我们提问的时候，我们可以反过来提问客户，促使客户说出自己想要的产品的特征。

三、用案例和事实树立榜样

所谓榜样的力量是无穷的，作为销讲者，我们应该树立一个前进的目标，同时为自己找一个榜样，然后以这个榜样的标准来严格要求自己，以便督促自己努力向前发展。我们在销讲时也可通过优秀案例来为听众树标杆，让案例中的榜样影响听众。

这里的案例可以是老顾客分享心得，也可以是名人事迹，或者关于产品的正面例子等。案例作为标杆，能够对听众或顾客产生很强的带动作用。

四、运用视觉化工具

如今我们生活在视觉化的时代，天天面对的是铺天盖地的视图广告。所以，作为销讲者，我们应该跟上时代的步伐，运用先进的工具来让自己的信息视觉化，然后再用视觉化的信息代替普通语言进行表达，这样才能让客户更加直观地理解我们所要传达的内容。

在销讲的过程中，销讲者可以进行视觉化的目标是非常多的，比如，产品的使用效果与产品相关的数据信息等都是可以视觉化的，如果销讲者能够把这些信息通过视觉化的方式传递给客户，那么客户就能够更加直观感性地接受这些信息。我们可以制作一个灵动精美的PPT，或者播放一段有趣的视频，以此加深客户对我们产品的印象。

五、找准痛点、挖掘客户深层需求

实际上，销讲是一种找准客户的痛点且帮助客户解决痛点的过程。但是我们知道，我们是不能凭想象去找别人的痛点的，也不能拿自己的痛点来猜测别人的痛点。因此，想要挖掘客户的痛点，我们就必须要反复地询问，深入地研究，从实际调研中获取客户的痛点。

六、提供整体解决方案

我们为客户提供企业相应的产品，这只能在一定程度上缓解客户的痛。我要想彻底解决客户的痛，就必须让客户对企业产生绝对的好感，这就需要我们根据客户的痛点和企业产品为核心，进一步为客户提供整体的解决方案。例如，与客户说企业可以为他提供有关的培训、运输、安装等服务，并且通过整个方案向客户继续介绍与核心产品相关的周边产品，进一步提升客户对企业的满意度。

简而言之，通过学习，相信大家对黄金六大流程有了一定程度的了解。当然，只有了解是不够的，还需要懂得如何将学到的知识运用到实际工作中。只有不断地学以致用，才能将自己打造成一位出色的销讲者。

4.2 中场的万能销讲流程

做销售的人都知道，所有的销售都是一场基于信任的游戏。但如果缺乏信任，再好的产品、再低的价格，顾客也不一定会接受。

尤其是在销讲的中场，若想要顾客对我们抱以信任，相信我们说的话、讲的故事、销售的产品，就一定要掌握中场的万能销讲流程。掌握了销讲的流程系统，可谓是掌握了中场的命门，不仅可以提升销讲效果，还能增加成交率。

我根据自己的经验，总结出中场销讲的六大步骤。

一、打开动力窗

说到动力窗，我先给大家讲一个故事。

> **销讲场景** 一个卖房子的销售，手上有一套房子，房子是一处海景房，价格非常适中。在房子的客厅有两扇窗户，一扇窗户面朝大海。推开窗户，清新的海风吹来，蔚蓝的天空干净明亮，眼前一望无际的大海和金黄色的沙滩，让人感到非常舒适与惬意。
>
> 但另一扇窗户对面却是一个垃圾处理场，推开窗户，一阵恶臭便随之而来，呈现眼前的尽是满目疮痍的垃圾。
>
> 如果你想把这套房子卖出去，你会在哪扇窗户前向顾客推销呢？如果你不想卖这个房子，你又会在哪扇窗户前向顾客推销呢？

这个故事便是运用了动力窗，旨在告诉我们每件事物都有正反两面，而我们要做的就是打开那扇对我们有利的窗户。

每个人都有自己喜欢的东西与讨厌的东西，喜欢能给自己带来喜悦、快乐、成功、幸福、健康和温馨的东西，却讨厌肮脏、恐怖、伤害、恶毒、疾病和损失的东西。基于这点，我们在做销讲时，不妨在心中反问自己：我们的产品有哪些方面是能够引起顾客喜欢的呢？

此时，我们便可以打开动力窗，打开动力窗的好处就是将每一件产品的好处与优点放大，通过不断塑造，把追求快乐与喜悦的一面淋漓尽致地表达出来，同时把不购买产品带来的坏处也放大出来。不购买这件产品带来的痛苦是什么？带来的损失是什么？带来的伤害是什么？将这些不断放大，让客户不断追求购买产品带来的美好画面，而逃离不购买带来的痛苦画面。

二、讲自己的亲身经历

每个人都有一个属于自己的传奇，一个自己亲身经历的故事，内容可以是真实、感人、励志、离奇、震撼、传奇、幽默、成功、创业、感恩或充满大爱的故事；也可以是有格局、有信心、有决心、有目标、有梦想、有责任、有价值、有能力、有智慧的故事。

根据人性的特点来看，大多数人倾向于聆听销讲者的亲身经历，且对有故事的人更感兴趣，更容易信任。因此，我们可以以讲故事的形式，将自己融入到故事情节中，以此在顾客心中塑造出他们心中想要的形象。

当然，在讲述自己的故事时，也要注意以下三个关键点（见图4-2）。

图 4-2　讲亲身经历时需要注意的三个关键点

❶ 结构

每个故事都有其特有的结构与逻辑，先说什么后说什么，什么样的故事适合于什么样的音乐，什么时候做停顿或接受掌声，什么时候充满激情地说完一整段话，这些细节都不能放过。

❷ 内容

结构构思好以后，就可以往里面填充内容了，填充内容时需要注意说话的方式。要知道，同样的一句话，说话方式不同，意思就会完全不同。

❸ 状态

销讲者在台上的状态是成功的关键，即使有完整的结构、精彩的内容，但若因为紧张而把故事讲得不连贯，又或者照本宣科式地读演讲稿，那最终的效果将是零。用这样的状态去销讲，估计不到十分钟，台下的听众一定会进入玩手机、打瞌睡的状态。

三、和竞争对手的区别

通过讲自己亲身经历的故事，顾客对我们的产品已经有了一面之缘，接下来就需要突出产品的特点与优势，且在突出的过程中还不能贬低竞争对手。这时，我们就需要用到对比法，让顾客自己选择，提前把产品的优劣说在前面。

第 4 章
流程系统：掌握黄金六大流程，成为销讲大师

通常，顾客在购买产品前，已经对同类产品做了大致了解，心里其实已经有主意了。当我们主动说出与竞争对手的区别时，就会让顾客更偏向于我们，从而拉近彼此的距离。

当然，坦诚说出与竞争对手的区别就好，千万不要随意去贬低竞争产品（见图 4-3）。因为这样会使之前使用产品的顾客觉得我们在否定他的选择，这种情况下顾客绝对不愿尝试我们的产品。

图 4-3　在与对手竞争时需要注意的两点

❶ 不要贬低竞争对手

结合我多年的经验，我认为如果一意孤行，非要去贬低对手，只会带来三个不利：

（1）假设客户与对手有某些渊源，现在正使用对手的产品，或他认为对手的产品不错，也推荐朋友在使用，此时我们贬低对手的产品就等于贬低顾客没眼光，这种情况下他自然会觉得反感。

（2）对手的市场份额或销售不错时，若我们不切实际地去贬低竞争对手，只会让顾客觉得我们心胸狭隘，不可信赖。

（3）如果每次说到对手就高谈阔论地说对手不好，顾客会认为我们心虚或品质有问题，从而在顾客心里留下一个不好的印象。

❷ 找出自己产品与竞争对手的区别

既然贬低竞争对手会得到一个适得其反的结果，那么如何才能在不贬低对手的同时，找到自己产品与竞争对手的区别呢？接下来，我便告诉大家三个方法。

（1）可以通过头脑风暴列出自己产品的 30 个特点或卖点；

（2）从这 30 个卖点里找出竞争对手的优势与劣势；

（3）锁定卖点里哪些是目标客户所需求的。

通过上述三个步骤，我们就能快速筛选出自己的产品与竞争对手的区别在哪里。一般来说，筛选后的卖点会有 1~2 个，我们围绕这 1~2 个卖点再进行描述就会非常恰当。

当然，有时候经过筛选后我们发现自己的产品与竞争对手的产品有着惊人的相似度，这时又该怎么办呢？不用担心，下面我便告诉大家一个很简单的方法。

虽然货比三家是每位顾客的习惯，但我们只要将自己产品的三大强项与竞争对手产品的三大弱项放在一起做客观比较，用数据来说话，这样一来，即使是同档次的产品，经过这样一番客观的比较，优劣高低便立即显示出来了。如果能进一步找到产品的最佳卖点，那最好不过，可以在这方面大做文章。

四、找到产品的唯一性

产品的唯一性,又叫产品的 USP,是产品的独特卖点,是独一无二的、别家没有的特点或特性,同时也是让人不可抗拒的卖点。如果我们找不到产品的唯一性,就要去找产品的独特附加值,说明为什么一定要选择我而不选择别人的理由。

这一步和前面讲的与竞争对手的区别其实是一样的,独特卖点是只有我们有,而竞争对手不具备的独特优势。每件产品都有自己的独特卖点,在介绍产品时突出并强调这些独特卖点的重要性,能为销售成功增加不少胜算。

下面,我将用一个案例来讲述产品的 USP 是如何设计出来的。

> **销讲场景**
>
> 有个客户是卖阳澄湖大闸蟹的,他找到我,希望我能帮他策划卖螃蟹。说实话,这个业务很难做,因为大闸蟹,很多地方都有,并不是独一无二的。你说,你是正宗的阳澄湖大闸蟹,青背、白肚、金爪、黄毛,难道别人家的蟹就不是这样的吗?你要顾客去识别真假,恐怕不太容易。大闸蟹究竟怎么卖?我们无法在产品上找到唯一性,那就只能去设计附加值。
>
> 大闸蟹的"蟹"与感谢的"谢"同音,那我们是不是可以以此为出发点,来设计一个感情元素呢?想想我们有多久没有给我们兄弟、领导、战友、老师、父母、室友、长辈写过信了?
>
> 假设有一天,收到一个快递,打开一看是一款大闸蟹的礼盒,打开礼盒,一封手写信跃然出现在眼前,信的内容是这样的:
>
> 老朋友,这么多年了,我从来没有用这样的方式给你传递我内心的感受。想当年,我们一起读书,一起奋斗,如今各奔东西,转眼间已经有几十年不见了,但我每次遇到困难时,就想起你曾经给予我的帮助。

沧海桑田，时过境迁，时代在变化，唯一不变的是我们的友谊。这几天阳澄湖大闸蟹刚刚上市，我第一个就想到了你，想给你寄一箱蟹聊表心意，礼物虽小，但饱含着我无限的尊重和回忆。

一路走来，感谢有你！
蟹兄蟹弟！

这样一份礼物，对方收获的不仅是大闸蟹，同时也是一份满满的感动与谢意。这就是附加值，且这种附加值是唯一的，是无法抄袭与替代的，会给顾客营造出一种不是买大闸蟹，而是买情怀的感觉。

所以，"蟹兄蟹弟"这个品牌就因此诞生了，分门别类，把信件框架写好。每个人买蟹时，选择自己要送的人，选择自己要表达的信件，修改好内容，直接确定，然后付款下单，系统会帮助他生成只属于他自己的大闸蟹礼盒，再快递出去。试问，这种情况下，当阳澄湖大闸蟹上市时，顾客要买螃蟹送人，会选择购买哪个品牌的呢？毫无疑问，自然是"蟹兄蟹弟"了。

这就是产品的 USP 唯一性。任何产品都有它的唯一性，没有就可以加上附加值，让附加值为产品增添色彩，从而变得与众不同、独一无二，给顾客留下深刻的印象。在销讲中，若能把产品的唯一性展示出来，成交岂不是易如反掌？

顾客不是我们一个人的，如果有一天我们满足不了顾客的需求时，顾客就有可能随时改变主意。世界这么大，谁能够持续不断地给客户提供价值，谁就能拉拢顾客，因此，我们在销讲中一定要想法让自己的产品具有唯一性。

因为顾客永远不是买产品而是买附加值，附加值会让销量倍增，会让成交变得更简单。所以，销讲中一定要卖情怀、卖附加值、卖出人意料的东西，它可以是免费、感情、时间、区域、年龄、造型、颜色、功能、赠品、服务、价格，当然也可以是出乎顾客意外的东西，总之一定要体现其附加值。

五、做客户见证

客户见证是大部分培训公司常用的一种成交方法,用大量的客户见证来证明产品的价值具有可信度,说白了,客户见证就是为了在客户心中产生具象,毕竟没有具象就没有说服力。

一个有效的客户见证包含客户照片、视频、客户身份、所属公司、业务范围、客户语录等。

在销讲中,尽量去找一些大客户、董事长总经理或者名人来做见证,这样才能给产品带来强有力的支撑。它的作用就是告诉在场的顾客:这么多有身份的人都买了我的产品,而你只有购买我的产品,才能与他们匹配。

千万不要强迫客户去"认可"自己的产品,不要和客户强调产品多么好、多么高端、多么方便,这些话最好是从其他客户的嘴里说出来,才能更具影响力。

产品有了客户见证,说明已经有人愿意为它付出金钱,且这些付出物有所值,只有这样才能降低顾客心中对风险的恐惧,因为顾客更愿意相信那些购买过产品的客户说了什么。

所以,在一对多的产品销讲中,产品只是一个媒介,舞台只是一个道具,真正具有推动力的反而是客户的见证。

那么,怎样做才能让客户见证的威力发挥到最大呢?以下六点不妨一试(见图4-4)。

❶ 名人见证

说什么不重要,重要的是谁说。如果产品好,让名人说出来,效果便会立竿见影,会比我们自卖自夸好上百倍。因此,只要能找到对顾客具有影响力的人,确切地说是影响力的中心，即对潜在客户、目标客户影响力最大的人来做见证，这样才让更让人信服。

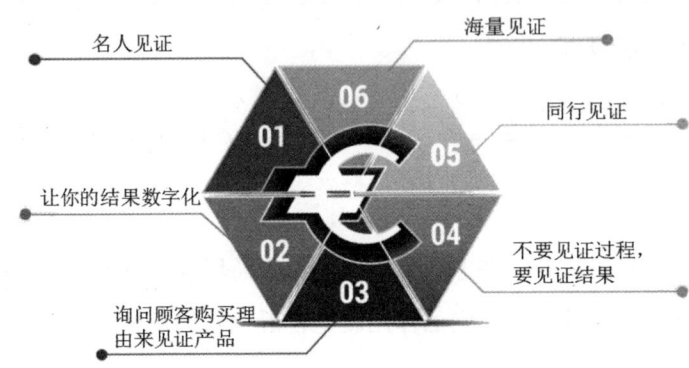

图 4-4 客户见证时需要注意的六点

假设我们的产品市场是以幼儿园为主，那么影响力的中心就应该是这个地区比较知名的幼儿园园长或者受欢迎的幼儿教师，用他们来制造影响力。

❷ 让你的结果数字化

你的优势在哪里？怎样体现？数字上的证明就是一个很好的证据。所以，我们要把自己的优势量化到数字，当然，数字化包含的产品的吸引力在哪里，价值体现在哪里？这些都要清晰明了。

> **销讲场景**
>
> 有些老师，他们在写自己的简介时往往过于强调自己是 xx 专家，担任社会上的 xx 职务。而善于销讲的老师一般不会这么写，他们会这样做：
>
> 2014 年 6 月，有一个人，仅用 15 天时间便成功举办了国内顶级招商课程《销讲系统》四天三夜的课程。
>
> 2015 年 11 月，曹译文老师在一场产品招商会上仅用 1 个小时，

第 4 章
流程系统：掌握黄金六大流程，成为销讲大师

就成交了 2368 万的惊人业绩。

2016 年 4 月，邀请亚洲销售女神来汇冠教育，共有 1000 人参与《财富中国》的课程。

有了这样的数字，销讲时便会很有说服力。尽管我自己也获得过很多荣誉和担任过很多社会职务，但那些都是虚的；只有这些数字才是实实在在的东西。这就是数字的魅力，数字是一个量化的结果，可以给顾客呈现一个直观的认识。

❸ 询问顾客购买理由来见证产品

这个见证就是通过"问"来达到提高业绩、成交、追销的效果。那么，我们该去问谁呢？最好是去问那些对产品营销有影响力的人，包括用过产品的老客户、大客户，询问他们：当初为什么选择我们的产品？找到他们购买的理由和原因，然后把这个理由呈现给其他的潜在客户，他们往往会拥有相同的价值观，所以就很容易成为我们的目标客户，而目标客户可以演变为成交客户。

❹ 不要见证过程，要见证结果

大多数情况下，人们更倾向于相信自己眼睛看到的。所以，我们要想办法让客户看到结果，也就是购买我们的产品后能给他带来什么样的改变。

> **销讲场景**
>
> 在 2014 年底，我的一个客户找到我，高兴得不得了，拉着我去服装店，给我从里到外换上了他们店里最好的衣服。然后他告诉我：就是因为使用了我的秘诀，他从原来每个月 500 万元的营业额飙升到 1300 万元，这样的数字怎能不让人欣喜？
>
> 瞧，这就是一个很好的见证结果。

❺ 第五点：同行见证

很多时候，客户都在同行、竞争对手那里，即便这样我们也不要到同行那里挑客户。这个时候，我们需要的是用同行中人的见证去建立客户对我们的信任。找到同一领域中做得时间久、经验多、品牌好、影响力大的同行来做见证，那么他的粉丝也有可能变成我们的客户。

重要的是，这个方法节省了很多成本，而且转化而来的顾客已经被同行训练好了，完全不需要再培训，我们只要认真地卖产品就行了。

❻ 海量见证

当名人见证不够多的时候，那就求"量"。当我们的产品有100个人说好的时候已经有了吸引力，那么就再加把劲争取让100个人、1000个人都说好。

在做见证的时候，可以将图片、文字、视频结合，因为图片能引起顾客注意，文字和视频则能触动他们内心的情感，增加成交的概率。

六、统一思想

上面铺垫了那么多，终于需要做一次成交动作，来判断哪些人是动了心的，哪些人是还在考虑的，哪些人是有抵触心的。所以，最好的办法就是在中场第六步询问顾客："你们要不要改变？要不要改变？一定要改变吗？一定要吗？"并让客户呐喊："一定要改变！一定要改变！一定要改变！"

把状态喊出来，让整个场面渴望成交，并将渴望改变的状态也喊出来。这是我在上千场成交中琢磨出来的绝密武器，在很多人还在犹豫、思考时，从众的力量就把他们带出来了。喊出口号，喊出"一定要改变"，把自己喊进故事中，也把自己压抑的情绪爆发出来。

销讲大师都是在这个环节统一口号、统一动作、统一思想的。这一步非常重要，很多新的讲师或者销售总监没有经过专业辅导，总以为自己上台就能将产品讲得特别好，以为自己的故事让用户心动，就可以成交了，结果没有做这个"一定要改变"的步骤，成交就比预期差了很多。

情绪一旦释放，心结就会打开，当全场都在把"一定要改变"的情绪爆发出来的时候，能量就会变得特别强大。同时，也是一个人心理防备最脆弱的时候，此时成交的效果会比不做这个动作至少提高 5 倍以上。

七、锁定信念

当状态喊完以后，我们还需要问："改变有什么好处？""不改变有什么坏处？"牢牢地把改变的信念植入到顾客的脑海中去，这叫"锁定信念"。一旦信念上锁，顾客就算这次不成交，下次也一定会购买，因为他已经从心底里认定这是他想要的产品，这是可以改变他命运的产品。

此时，在时间充裕的情况下，我们还可以讲两个小故事：讲一个朋友改变后成功了的故事和一个朋友不改变失败了的故事，通过不同的故事来对比购买产品与不购买产品所带来效果。当然，这里的故事根据现场情况可以多讲一点，也可以少讲一些，这就关系到熟练度了。

总之，利用动力窗把人性的弱点继续放大，并牢牢锁定信念，中场的销讲流程到这一步就算基本走完了。

4.3 会议型销讲的三大阶段

很多销讲是以会议的形式展开的，一般分为会前、会中、会后三大阶段，每个阶段中都有着许多小的环节，只有把握好所有的环节，才能发挥销讲最好的效果。会议型销讲的三个阶段主要分为会前准备阶段、会中演讲互动阶段、会后营销阶段三个阶段，下面我分别从这三个阶段出发来为大家详细介绍会议型销讲。

一、会前准备阶段

在进行会议型销讲前，需要进行一系列的吸引顾客的准备工作。在这个过程中，需要我们去亲近顾客，让顾客对我们的品牌和我们的产品产生浓厚的兴趣，获取他们的关注。会前的准备是销讲的重要阶段，这一阶段决定了顾客的购买力，顾客是否选择在销讲现场购买产品，有百分之六十的因素取决于充分的会前准备。具体而言，会前准备阶段包括以下环节（见图 4-5）。

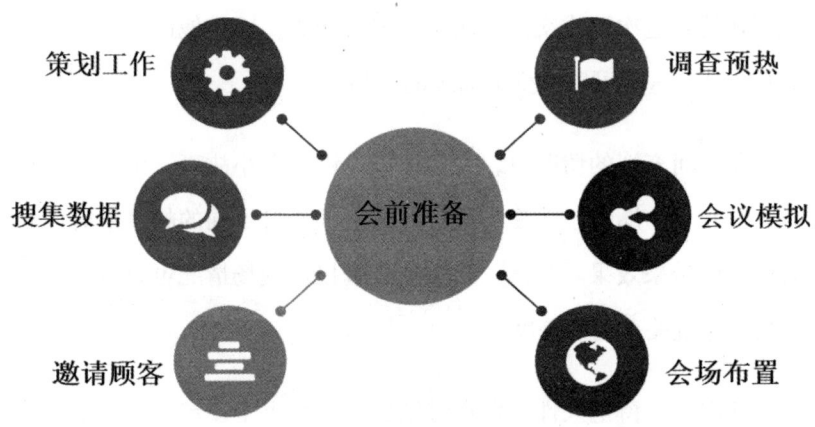

图 4-5　会前准备阶段

❶ 策划工作

会前准备阶段的第一个环节是系统的策划工作。好的策划是成功的第一步，只有好的会前策划才能带来好的销讲成绩。在进行策划的过程中，品牌形象、产品包装、会议主题、会议流程、会议管理、应急处理等都是我们应该考虑的对象。因此，会议的策划工作要提前进行，尽可能地考虑到每一个细节。

❷ 搜集数据

要举办一场成功的会议型销讲，首先要有精准的受众定位。我们需要通过不同的渠道收集目标顾客的信息，建立顾客档案，并对这些顾客的档案进行分析。根据顾客的姓名、年龄、家庭住址、联系方式、家庭收入、健康状况等信息，我们可以确定顾客的需求，从而对顾客的档案进行归类整理，确定消费人群，并选择合适的方式与顾客进行预先沟通。

❸ 邀请顾客

确定会议日期之后，要对目标顾客进行筛选，掌握顾客的基本情况，然后通过电话、上门等形式邀请顾客，并进行电话确认。在邀请顾客之前，一定要考虑好顾客的基本需求，给顾客提供参加会议的理由。在邀请顾客的时候，要注意语气，把握好自己的态度，体现自己为顾客着想的心情，及时将邀请传达给顾客。

❹ 调查预热

在前期对顾客进行调查的过程中，还要注重对于产品的预热和顾客消费热情的调查。如果在会前能够对产品的销售进行预热，那么将会大大提高顾客的消费热情。而提前了解顾客的购买需求，也能够使员工在会议现场给顾客提供准确的购买信息，增强会议的效果。

❺ 会议模拟

要保证会议的圆满落幕，使会销的每个环节都顺利展开，就需要进行会议的模拟演练，及时调整漏洞，避免出现失误。策划、主持人、讲师、音响师、销售人员等都应该参加模拟会议，确定好会议的细节，掌握好音乐的演奏时间、专家的出场时间、观众的互动阶段等具体内容，并在模拟会议中预先试验一次，以发现不足，及时改进。

❻ 会场布置

在会议型销讲中，会场布置也是一个重要的内容。我们要把能够体现企业文化、产品文化、产品价值的因素通过各种道具的布置体现出来。在会场的展板、条幅、投影等道具上，都可以运用有利于企业及产品宣传的要素，以活跃会场的气氛。

❼ 迎宾签到

在会议开始前，需要确定好到场参加会议的顾客信息，要详细地登记准顾客的信息，不熟悉的顾客最好反复确认，以便核准。同时，在迎宾时也要利用好肢体语言，以热情的态度面对顾客，加深与顾客之间的交流，尽快熟悉顾客的信息，了解顾客的需要，并将顾客领到合适的位置上。

二、会中演讲阶段

在会议型销讲的演讲互动阶段，也有一系列的环节。在这个过程中，需要我们把握好与观众的互动，注意调节现场观众的情绪，使观众的注意力集中在活动上。同时，一场会议型销讲最重要的部分也是会议的演讲互动阶段，这一阶段决定了销讲的成功与否。下面是会中演讲阶段的具体环节（见图4-6）。

❶ 场前提醒

在会议正式开始前，应该再次确认现场设备是否完好，反复检查麦克风、音响、影像资料是否可以正常使用，避免出现设备故障导致的问题。同时，销讲正式开始前，还可以提醒现场观众去洗手间，以免错过会议开场。

第 4 章
流程系统：掌握黄金六大流程，成为销讲大师

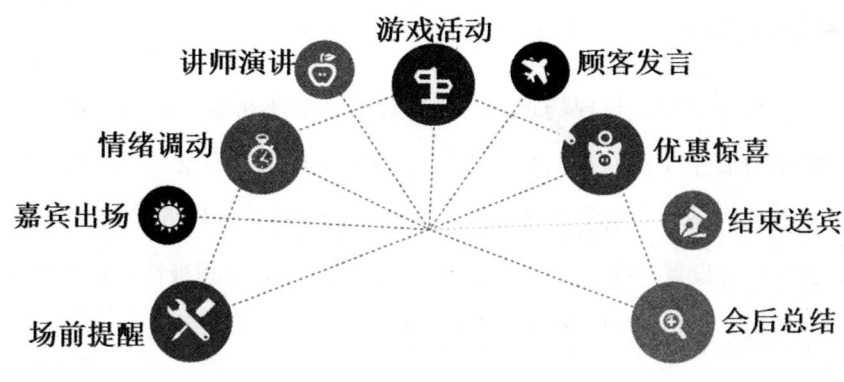

图 4-6　会中演讲阶段

❷ 嘉宾出场

在这个环节中，主要是对会议销讲者和会议嘉宾进行介绍。应该提前撰写好介绍词，使用合理的包装，为本次会议的销讲者和嘉宾树立起值得信赖的形象。销讲者和嘉宾的出场时间也要提前规划，并在会前的模拟中检验是否合理，避免出错。

❸ 情绪调动

会议中的情绪调动主要包括两个方面。第一是员工的情绪调动，这一部分一般在会前进行，以激励的手段促进员工的热情，使之情绪高涨，同时带动顾客情绪。第二是顾客的情绪调动，这一部分主要是通过会议中场景的布置，互动环节中的游戏设计和主持人语言的精彩来完成，使观众注意力集中在销讲上。

❹ 讲师演讲

销讲环节是会议型销讲的核心环节，主要目的是通过专业的销讲来传递会议的主题，讲解产品的相关知识，传递品牌的独特理念，激发顾客的购买欲望。在这个环节，现场的工作人员要密切关注会议进程，配合好销讲者的演讲内容，观察现场顾客的反应。

❺ 游戏活动

在会议型销讲中，与现场观众的互动环节也必不可少。在举行销讲的过程中，一般会有若干个观众参与性游戏，这些游戏有原地不动的，也有局部活动的。游戏的目的是为了消除观众在讲座中产生的困倦感，拉近与顾客的亲密度。同时，会议也会设置一些有奖问答环节，提高观众参与的积极性。这些问题可以是有关产品的，以此加深顾客对产品的印象。

❻ 顾客发言

顾客发言也是会议型销讲中的重要环节，顾客的现身说法往往比销讲者和销售员的话更有说服力。在这个环节中，一般会设置三到四个发言对象。要提前联系好在会上发言的顾客，确保顾客能够参加会议，并且要在会前将顾客介绍给主持人和销讲者，做好沟通。顾客的发言需要简单质朴，具有感染力，时间在三四分钟。

❼ 优惠惊喜

在会议的结尾阶段，还有一个重要的环节，就是对本次会销中产品优惠力度的宣传。在这个环节中，销讲者应与主持人相互配合，对现场气氛进行烘托，以产品的优惠促进现场顾客的购买欲，为现场顾客创造惊喜。

❽ 结束送宾

会议结束后的送宾环节是体现诚意和服务的环节，与迎宾有着同等重要的地位。在这个环节中，即使是面对没有购买产品的顾客，也应该拿出热情的态度，要对来参加会议的所有顾客一视同仁。如果会议在酒店进行，员工还应该将顾客亲自送至电梯口，以体现服务的周到。

❾ 会后总结

在会议型销讲成功举办后,应该对本次会议顾客的到场率、现场的成交量、活动举办的顺利程度等进行总结,对员工给予鼓励。总结的内容不宜过长,应该遵循先表扬再建议、最后批评的流程。

三、会后营销

会议的结束并不意味着销售的结束,在会后。我们还应对购买产品的顾客进行售后服务,跟踪产品的使用情况,并对使用产品的前后效果进行对比,使品牌的口碑得到良好的宣传效果。对于没有购买产品的顾客,我们也应该继续进行跟进沟通,消除他们的顾虑,促成下一次销售的成功。同时,良好的售后服务还可以达到意想不到的广告效应,通过老顾客的宣传可以收获许多新的顾客,而老顾客也会被好的售后所维系,从而促进企业的发展。

通过对以上三个阶段的整合,才能完成一场成功的会议型销讲。作为一名销讲者,不仅仅要对自己的演讲内容进行把关,还要能够统筹全局,对销讲的每一个环节都有所了解。只有这样,才能成为一名合格的销讲师。

第 5 章

筹备系统：
讲前准备好，不做事后诸葛亮

凡事预则立，不预则废，想做好任何一件事，都要做好准备工作。在做销讲之前，我们除了要准备好演讲稿之外，还要熟记销讲心法，做好七大准备，在认真准备的过程中提升能力，并在销讲实战中发挥出自己的最佳水平。

5.1 学习销讲的心法是什么

同样是"我说""你听"的方式,销讲不能像讲课那样讲一堆的大道理。销讲者要对听众更体贴入微、更关注有力、更坚定信念;销讲过程不能四平八稳、毫无波澜,最好能用多个真实的小细节、小案例带出我们的观点,还要运用一些小技巧,用舒适的演说方式把观点传递到听众内心,千万不要让听众产生不耐烦的情绪。

销讲也是演讲的一种,同样需要运用一些演讲技巧和心法。如果你想成为一个优秀的销讲者,就应该掌握一些销讲的心法。我根据自己多年的从业经验,总结出了销讲的九大心法(见图5-1)。通过运用这些心法,我的销讲演说变得更生动、精彩,我希望这九大心法对大家也能够有所帮助。

图5-1 销讲的九大心法

一、学会"收"住情绪

很多初学销讲的人，在演讲时容易紧张，所以我会要求他尽量地"释放"，以带动整个现场的气氛。但是，一个成熟的演讲者，在进入演讲状态之后，"收"比"放"更加重要。让一个人打开话题并不难，难得是如何学会收住话题。学会"收"住，需要掌握两点：一是控制情绪；二是控制行为。

比如，我如果在演讲里设置有一个"高潮"的情节，我会尽量在高潮到来之前控制住自己的情绪，等到差不多高潮要集中爆发的时候停顿一下，这样做的目的，就是增加现场的感染力。

二、演讲的"画面感"要"具象"

马克·吐温说过："别只是描述老妇人在嘶喊，而要把这个妇人带到现场，让观众真真切切地听到她的尖叫声。"在演讲时，不要总是干巴巴地说，你要讲细节，有细节的故事更生动。

> **销讲场景**
> 我如果要写一篇演讲稿，我会把"父亲对我说"这句话改成"父亲用他的双手捧着我的脸看着我说"，这样的细节对比，画面感完全不一样，听众很容易就回到演说的状态，后一句更容易把听众带入我所渲染的情绪中。

三、短句比长句有力

当我站在销讲现场，我知道我不只是在和听众分享，我要表达的是我强烈的观点和情感。演讲和分享是有区别的，分享不会在意语句的长短，它只要把观点表达清楚就好。短句总是更能体现演讲者的情绪，通过短句，我可以传递我的情绪；而长句只能表述观点，无法带动情绪。我认为：短句比长句有力。

四、语句简练，直来直去

好的销讲，是不需要拐弯抹角、云山雾罩的；我们的目的非常明确，那就是推销产品或传递品牌价值，索性开诚布公、直来直去。我在销讲的时候，会直接一针见血地强调我的观点，这种信息的传达非常有效，它能快速帮助我让听众产生记忆。

在当下这个信息爆炸的时代，人们不屑于听一堆旁敲侧击的废话，反而是直接的表达方式更能自带语言魅力。大家都很忙，没时间陪你不停地啰唆。

五、学会了解自己，自我重塑

演讲者想成功，首先要做的就是自我认知，其次是说话，再次是社交交流，最后才是学习演讲技巧。很多教授演讲的课程，基本都是教人如何开口，如何使用花里胡哨的说话技巧。而我认为，要成为演讲者的第一步，就要洞察自己、自我认知和自我解剖，我管这种行为叫"重塑"。

我认为，学习任何东西之前，都应该先学习自我认知，只有了解自己，才能超越自己。只有我们自己愿意去学习，才会把知识学好；也只有我们自己选择了自己去做，才能把事情做好。要当销讲师也是一样，我们要学会"了解"自己。

六、接纳自己的不完美，善于和缺点相处

一般人致命的弱点就是不了解自己的优势，更加致命的弱点是不知道自己的劣势。我们认为的缺点和劣势未必就是自己的缺点和劣势，善于发现自己的缺点，并学会和它相处，劣势就有可能成为我们的优势。

比如，一般我们会认为一个不善表达、语速很慢的人不适合当演讲者。但是

第 5 章
筹备系统：讲前准备好，不做事后诸葛亮

实际上在演讲的现场，这样性格的人如果不使用长句，不讲过多的废话，他讲的语句反而会铿锵有力，往往有强大的爆发力。

演讲者对所讲内容是需要有自己的逻辑理解的，这是一个寻求本源的过程。在这个过程中，如果你能发挥潜能、探索自己，就算是本来觉得没有内容可讲的你，也能迅速找出一堆的内容。我自己的亲身经历就能很好地说明这一点。

> **销讲场景**
>
> 我记得第一次上台的时候也很紧张，当时的我明显脸红，双腿有些颤抖，喉咙哽塞，大脑处于空白挡，简直快要忘记一切了。在那一刹那，我已经记不清我原本设定好的所有演讲内容了，我只记得我自己心中的理解。
>
> 于是，我就把我心底最真实的对原来内容的理解讲了出来，我只讲自己的心，我是什么样子的，我就讲什么。恰恰是我的紧张，调动了最真实的我，这种情绪反而辅助了我的演讲，让我成功地表达了最真实的我。

七、"真诚"比"技巧"重要

乐嘉说："观众对于镜头后的事情什么都不知道，但是他们有一个天生的本事，就是知道你真诚不真诚！"

演讲不是教我们如何"赋新词强说愁"，也不是让我们"曲意逢迎"听众，更不是要我们压抑自己。这句话的意思是演讲者一定要学会用自己的真诚去打动听众。

演讲不是演戏，我们要做的就是真诚地去表达，表达自己的一点一滴，表达自己真实的感受和感悟，表达自己遇到的一些问题。销讲水平的高低，不是取决于我们的普通话水平，也不是取决于我们的演讲技巧，更不是取决于我们讲过多

少场次。它取决于我们对自己有多了解，有多大的勇气来面对内心的脆弱。

好的演讲像一个酝酿良久的故事，像一份沉淀很久的情感，在观点呼之欲出的一瞬间，与听众发生碰撞。说白了，演讲就是我们真实的个人体验、独立思考以及个性化选择的一次公众传播。

演讲时，我们应该讲自己最想说的话，讲自己最想讲述的故事。而且这个故事必须带有我们自己的情感，故事不能虚，情感不能假。我们说的每一句话都要有依据，单纯的莫名其妙的情感爆发是没有依据的，故事逻辑不清也是没有依据的。

为演讲而演讲，不一定留下什么佳作，但是"走心"用情的演讲，一句话不经意间就能被人铭记。演讲中的真情实感引导着我们进行表达的时候，方法已经变得不重要了，好的方法只是使我们的情感和观点传递得更有效、更准确。

八、把问题"还给"听众

销讲不是辩论，当我们发表销讲，与听众互动的时候，可能会遇到自己不想回答的问题，这个时候我们应该学会换个方式把问题还回去，这是一种不得罪人的做法。

> **销讲场景**
>
> 有一次，我在做销讲时，有一位听众对我的资历提出了质疑，他问到："你工作过几年？"
>
> 我是这样回答的："这是我站在演讲台上的第 5 个年头，第一次有人问我这个问题，这个问题问得很好，非常感谢你的提问，作为感谢，我也问你一个问题。"
>
> 还有一次，一名听众提出了刁钻的问题："很多人说过，你这个人很自大，认为自己可以凌驾于所有人之上。"

我是这样回答的：“人上一百，种种色色，不是所有人都真正了解我。有人说这样的话，我一点也不觉得奇怪。如果你愿意走近我、了解我，相信你会产生不同的看法。”

不想回答问题的办法有很多种，大家可用试着去归纳一下。应对听众或客户质疑的方法我会在后面的章节中讲到。

九、与观众产生共鸣

销讲不是我讲我的，听众听他们的，成功的销讲是我想讲的和听众想听的能够产生共鸣。作为演讲者，我需要了解我的听众，对于我要讲的观点，听众是否理解，能不能感同身受，这一点至关重要。

销讲者要把内容朝深处想、朝深处讲，让内容和听众产生共鸣、打动听众，这才是好的演讲。讲了这么多销讲的心法，关键还是销讲者自己的信念。不管我们销讲的内容是什么，作为销讲者，最重要的是你要对自己所说的一切深信不疑。

斯坦尼斯拉夫斯基说过："平庸的演员和杰出的演员的区别在于，平庸的演员试图让观众相信自己的表演，而杰出的演员则毫无疑问地相信自己的表演。"马云说天下没有难做的生意，他自己也是这样相信的，所以他创造了一个个商业奇迹。这个道理对于销讲是同样适用的，只有相信自己所说的，才能真正打动别人。

5.2 演讲之前的七大准备

俗话说，"预则立，不预则废""磨刀不误砍柴工"。这两句话都说明了准备工作的重要性。对销讲来说，准备工作也是至关重要的，很多人有销讲的需要，也有表达自己观点的需求，但是碍于自己演讲水平的限制，总会担心自己讲不好。还有的人一站上讲台就会感到恐惧和紧张，甚至手忙脚乱、状况百出。

我认为，解决慌乱和紧张的最有效的办法就是细致而认真的准备。扎实的准备工作不仅能最大程度地保证销讲质量，还可能为销讲者树立信心。我每次站上讲台前，一定会做好准备工作，哪怕销讲时间再短，听的人再少，我也不会毫无准备地走上讲台。我认为不做准备就上台，是违背演说家职业精神的行为。

我们应该把准备当成一种习惯，并在准备工作中发现自己进步的空间，可以说，准备工作做得越充分，我们的演讲水平提高得越快。这里，我从七个方面讲一讲销讲前的准备（见图5-2），让大家学会消除对销讲的恐惧，提升自己的销讲水平。

图 5-2　销讲前的七大准备

第 5 章
筹备系统：讲前准备好，不做事后诸葛亮

一、收集资料和信息

收集资料是做演讲准备工作的第一步，我们能收集到的信息包括：参与人的单位、职务、学历、年龄、性别；演讲场地的大小、与会的人数、演讲会场的设备；参与者对于演讲内容的渴望。透过这些信息，我们可以考虑是否有必要使用特殊的设备来辅助演讲，比如，使用 PPT、板书等。

二、分析听众：

演讲的核心对象是听众，没有听众的演讲，是没有价值的。所以，要认真分析听众的信息，这些信息才是我们设定目标、确定演讲方式的前提。

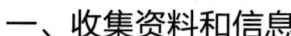

如果一场演讲的听众学历普遍偏高，我的演讲肯定会讲得更有深度，反之则需要浅显一些。如果这一场演讲的听众年龄偏小，演讲中的案例就不能太过时，最好是当下的热点，年轻人更感兴趣。如果一场演讲的听众很多，为了尽可能地照顾到一定比例的听众，我需要调整做练习的方式。

三、设定目标

确定目标是一场演讲最基本的准备工作。我们要有针对性地设定目标，明确演讲的主题和内容，因为主题、内容以及演讲的时间都与最终的目标有着紧密的联系。例如，如果我在销讲的时候目标设定为告知某事，而不是说服学员做某事，这两个目标有着明显的不同。那么我的演讲方式、时间和内容肯定会有很大的差别。

四、确定演讲的内容

在分析完信息，设定了目标之后，就可以确立演讲的框架和内容了。前面三步都是为这一步做准备。在做演讲框架和内容时，我们应该关注五个方面：确定主题、明确论调、设计一个好的开场白、设定各要点及相关的内容（比如销讲时的互动小游戏的设定等）、准备好解除客户的抗拒点。

产品太贵，没时间，家人不同意，以前买过……这些都是客户的抗拒点，用什么样的方式去打消这些抗拒点，我们都要提前准备好。在本书的后面有详细的方法来设计如何解除抗拒点。

五、制作视觉辅助

多媒体演示是许多销讲者最常用的辅助工具，常用的是 PPT 和视频播放，但是很多销讲者又过于依赖 PPT。好的销讲者是可以脱稿的，他们不依赖于任何工具，他们的精力都花在直面观众上。

PPT 作为演讲的辅助工具，尽量与主题呼应，和内容相关。无关主题和内容的 PPT 是在浪费时间，多媒体越简洁越好。

六、准备问答内容

很多销讲者不害怕演说，但是害怕提问，他们不敢面对听众的提问，害怕被问倒，害怕回答被人嘲笑。我认为，在有充分准备的情况下，这一切都不可能发生，只要我们准备充足，听众的提问不可能超越我们准备的范畴。只要做足准备工作，就没有什么可怕的了。

销讲者的水平有高低，并不都是超一流的专家，就算某个人在一个领域是专家，但是他也不可能回答所有领域的问题。所以，在销讲前，我会尽可能多地去设想听众可能提出的问题，并一定要确认这些问题的解决方案，这是对问答环节的准备工作。即使演讲现场有遇到我解答不了的问题的时候，我也会给出积极的回应，并在演讲结束之后给出的回复。

七、预演

"台上几分钟，台下十年功"，这句话很好地形容了准备工作的重要性。假设有一场演讲，听众是一百人，演讲时间是一小时，而销讲者的准备工作只花了5小时，那么这场演很有可能会失败。

> **销讲场景**
>
> 卡耐基在研究林肯的过程中，提到了林肯最出名的"葛底斯堡演讲"。这场演讲，林肯用时不到两分钟，但是他为演讲花费的准备时间却是几天几夜，甚至于废寝忘食。
>
> 大家都知道乔布斯是一个演讲专家，苹果的发布会就是乔布斯的表演舞台。但是谁又知道，经典之所以称之为经典，是因为乔布斯的演讲准备工作，至少需要一个月以上时间。

除了一些基本的准备工作，准备时间大部分都应该用来预演。销讲之前，我们可以找几位听众，试着讲给他们听，听听他们的意见。我们还可以对着镜子讲，对着镜头讲。每一次预演之后，要认真地分析演讲中的不足，以便加以改进。

要记住，所有的准备工作，最终都是为了确保销讲能对听众负责，呈现最好的目标效果。

5.3 好的销讲精髓是什么

真正好的演讲,必定是一个有效沟通,这很难吗?

克里斯·安德森说:"如果你知道如何在饭桌上对着一群朋友讲话,那么你就知道如何发表公共演讲。"如此说来,演讲其实是一件很简单的事,演讲应该成为我们每个人必须学会的基本既能。

在我学会销讲之前,我也看过许多关于演讲的相关书籍,但是都没能准确地理解怎样才算是好的销讲。很多书本讲解了一大堆内容,各种技巧繁多,反而看得我晕头转向。其实,真正好的销讲不需要华丽的词藻和浮夸的表演,只需要抓住三个精髓:开口有益、氛围有趣、思路有型。

一、开口有益

我们常听"开卷有益",这可不是开卷考试,这里的意思是只要你打开书本,就一定会有收获。同理,作为一位销讲者,站在讲台上开口说话时,就一定要让台下的听众有所收获。

畅销书都有一些共同点,比如有一个好的书名和一个好的介绍。特别是网购的畅销书,一般我们在购书之前首先要查看目录和介绍,这些书的共同点,都是在强调这本书对我们有什么好处。销讲和畅销书一样,一开口讲话,要在十五秒内告诉听众,我能带给你们什么帮助,能提供给你们什么样的好处,一下子就抓住了听众的兴趣。

> **销讲场景** 我记得读书时遇到过一位不善演讲的班长,每一次班会,他在上面讲,我们在下面玩。讲话的人不开心,听讲的人也不开心。为什么会有这种现象?因为我的班长是这样讲的:"今天给大家说一下,班主任安

排我们班参加一个活动，要求大家在下午三点之前集合，你们这个周六下午不要安排其他事情啦。"

这是一种冷冰冰的命令式的口吻，而且丝毫无一点商量的语气。没有人会愿意听到这样的话语，所以大家就算是心里想去，也会产生一丝排斥的想法。如果班长换一种口气："大家好，跟大家宣布一个好消息，今天班主任为大家争取到一个好机会，这个周末我们班可以去参加一个活动。等到结束之后，我请客。"如果是同学们听到这样的话语，一定会欢呼雀跃。

那么，我们要怎样做到开口有益呢？

我认为这个问题的核心突破点是：站在听众的角度去思考问题。销讲的方式不能只是传达我们自己的观点，还要设身处地地为听众和客户考虑。

比如，在做销讲时，我们要考虑这样几个问题：台下的听众关注哪些问题？他们需要什么样的产品？我推荐的产品能解决他们的哪些问题？我相信，只要销讲者真正做到了开口有益，能为观众和客户解决问题，那么他说的话一定没人能够拒绝。

二、氛围有趣

怎样做到氛围有趣呢？就是演讲内容趣味横生，听众乐不可支，演讲效果津津有味。营造有趣的氛围核心点是一个"演"：通过夸张的动作表情向听众传达讯息，让听众在欢乐的气氛中心领神会。夸张的动作表情怎么练习呢？八个字：手舞足蹈，眉飞色舞！

"演"其实就是表演，让面部表情最大化地配合演讲的内容，甚至可以极度夸张，这样才能体现效果。网红 papi 酱在镜头前说话的表情就是最典型的代表，她在讲一个小故事的时候，配合故事内容，展现出各种夸张的面部特征，很容易让人捧腹大笑。如果不知道怎么演，可以记下一段台词，然后找一个安静的地方模仿和练习。

三、思路有型

思路有型就是指演讲的内容有逻辑性，讲的是什么、为什么这样、具体怎么做，一清二楚。内容分一二三，时间有过去、现在和未来，讲的人清清楚楚，听的人明明白白。

那么，如何训练出强大的逻辑思维能力呢？我的方法是：平时强制逻辑结构，做任何事情，讲任何事情，我都要归纳出一二三点出来，如果单独只讲一个内容，显得单调，两条内容还是略少，三条刚好。

我在开口之前，把身边的人、事都总结出三个观点来说，久而久之，我说话的方式就自然形成了一个清晰的逻辑结构。比如，我要写一个销讲的演讲稿，首先就会列出演讲稿的几大要素：第一，听众是谁；第二，这场演讲的主要内容是什么；第三，演讲的最终目的是什么。清楚了这几大核心要素，我就会围绕它们来写演讲稿。

四、故事有情

一场好的销讲，一定少不了好故事。故事是观念的包装，是产品的外衣。故事是我们想说，但是说出来可能引起别人警觉和反感的观点的载体。很多事情不能直白地讲，讲出来会索然无味、惹人厌烦。

一般的销售就是如此，当一名推销员踏进办公室大门的时候，几乎所有的同事都在下催客令。于是，我们学会了用雅俗共赏的故事娓娓道来，这样的语境也犹若春雨润物，直达人心。那么，销讲师到底该怎么讲故事（见图5-3）？

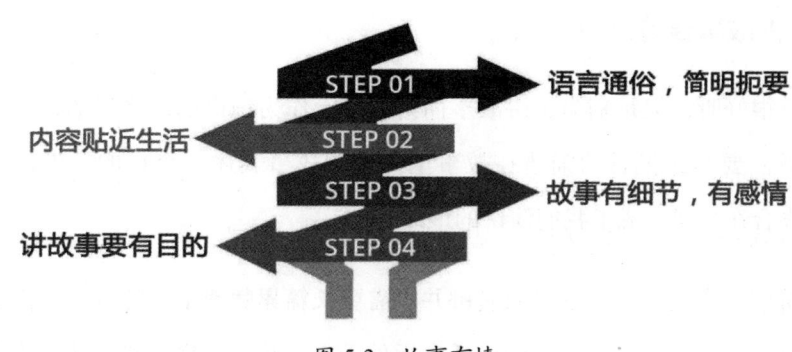

图 5-3　故事有情

❶ 语言通俗，简明扼要

我们在讲故事时铺垫千万不要太多，简单的交代清楚人物背景和一些必要的资料即可，然后是故事的发展、高潮、结果。千万不能拖沓，最好惜字如金，也不要使用生僻字或词组，因为听众没有时间停下来慢慢地消化我们语句中的某一个深奥之处。

❷ 内容贴近生活

我讲的故事从来不脱离当下的生活圈，必须是听众经常听到、看到，或者经历过的一些人和事，这样的故事最能引起共鸣，发人深思。过于背离当前的情节故事，吸引不了听众的兴趣，因为大部分人都有一种"事不关己高高挂起"的旁观心态。所以，故事要尽量贴近生活，与听众相关。

❸ 要有细节、有情感

有细节、有情感的故事才经得起推敲，才能打动听众。要把故事讲得和真的一样，在关键部分就要有细节，细节能让故事更加饱满、真实、具有画面感。细节往往令人听了感同身受，引人入胜，没有情感的故事索然无味。故事里的情感必须是真实的，就算不是真实的，你也要演出真实感。

❹ 讲故事要有目的

故事很好听，但是别为了讲故事而讲故事，作为销讲的最终目的，我们是来做销售的。要学会把目的铺垫在故事里，一个故事表述一个目的，表达一种观点，最终合在一起，成了我们演讲的最终目的。

正所谓大道至简，一场好的演讲并不需要长篇累牍地细说特点，只需要看它是不是有效沟通即可。就像我们生活中无处不在的聊天一样，只要体现出上述四点，达到了有效沟通。它就是一场好的演讲。

我们生活中与人交际、传播观点，无论你是演讲、写作还是沟通，其实都是在完成有效沟通的一个过程。道理都听明白了，沟通自然顺畅！

5.4 如何设计融资、众筹、招商、路演演讲稿？

如今，很多企业都有融资、众筹、招商、路演的需要，这些活动的目的是争取合作和投资，让企业获得更大的发展空间。这些活动都离不开演讲，企业家和职业经理人必须要运用高超的演讲技巧来打动合作商或投资人，在这种情况下，一场演讲的成败几乎可以决定企业的命运。

这样重要的商业演讲，当然要花大量的时间去准备，在设计融资、众筹、招商、路演的演讲稿时，我们不仅要考虑到一般演讲的特点，还要结合各方面的数据和商业信息，根据企业的实际情况，写出一篇"有理有据、打动人心"的演讲稿。

这里，我重点和大家分享一下适合招商路演场合的演讲稿的写法。

第 5 章
筹备系统：讲前准备好，不做事后诸葛亮

图 5-4　撰写路演演讲稿的四大要点

一、撰写路演演讲稿的四大要点

❶ 主题

对以商业路演、融资、招商等为目的的演讲来说，我们要演说的主题最好是当下的热点和市场痛点，这样的主题才能引起投资人的关注，这是演讲能顺利展开的一大前提。

商业演讲的主题应该具有独立的观点，是在对市场发展趋势分析之后做出的判断。简单来讲，演讲稿要有对市场、用户以及产品的独到见解，套用千篇一律的主题只会招致听众的反感。

我们要明白，商业演讲的目的是要让听众认可我们，进而愿意投资我们，与我们的企业合作。但是在现实中，有一些演讲者为了提升自己的产品形象，往往过分贬低竞争对手，夸大自己的产品优势。

> **销讲场景**　某手机厂商的新品发布会，演说者拼命地贬低友商，列出对方一系列所谓的"产品硬伤"。实际上，作为同样的手机产品，对手的缺点听众都知道，但是其品牌的优势用户也很清楚。如此恶意地贬低对手，反而对自己的品牌并没有带来一点好处。

睿智的演讲者首先会对竞争对手的优势给予肯定，在肯定事实的基础上，向听众专业地描述自己的优势。这样的做法，既不会招致听众的反感，又能宣传了自己，还获得了听众的理解。

❷ 结构安排

一般来说，演讲稿的结构就两种：叙事型和论理型。不论选择的是哪一种结构，演讲稿都遵循转瞬即逝的本质，它不像宣传片可以重复播放，随着演讲的进行，路演的演讲稿就是一次性的作品。

人们在听取他人演讲的时候，都会有选择地接受信息，在最开始的演讲描述时，注意力往往都不集中，只有听到自己感兴趣的内容，才会认真一下。作为演讲者，为了解决注意力不集中的问题，我们在设计演讲稿结构的时候，要尽量把内容安排得环环相扣，富有逻辑思维，让听众的注意力能够尽可能地持久。

另外，人在接受新事物时，总是由浅入深、由简到繁。因此，演讲稿的结构安排也不应该出现太大的思维跳跃，应该循序渐进，缓缓而入。

❸ 数据、示例真实可信

演讲内容中出现的材料，不能只是冷冰冰的数字而没有亲和力。我们最好选用与听众生活、工作密切相关的数据和实例，最好有准确的来源，应用的数据要精准，不能随心所欲。

对于太熟悉的一些经典案例和名人逸事，听众容易产生审美疲劳。在演讲稿中最好引入当下的热门话题以及现代化的词汇，语言口语化，让听众更能接受。但是这些例子应该做到真实可信，不可随意杜撰。

❹ 语言深入听众内心

我建议演讲稿的用语最好是通俗易懂的口语用语，相对于那些正式的公文和专业文章，演讲稿要更通俗、活泼、新鲜，稍稍比日常用语规范一些即可。如果能在演讲稿里加入一些个人情感色彩的语句，更好。

演讲稿无须追求每一个字、每一个标点符号的打磨，结合一些现实生活的语句，就能产生不错的效果。将深层次的理论，用生活化的语言展示出来，这无疑会增强演讲本身对听众的吸引力。

在演讲时，如果你想要现场抒情，一定要避免使用太多华丽空洞的语句。记住演讲不是舞台剧，无须添加很多华丽的辞藻，贴近生活的、朴实无华的语言，才是听众最喜欢的语句。真实的情感透过这些语句，更能和听众产生共鸣。

以上内容是我总结的关于撰写路演演讲稿的一些建议，可是这些建议还不是具体的路演演讲稿的写法，下面我还要通过更加详细的解说，来教大家如何写路演演讲稿。

二、商业演讲稿内容实操

我们知道，商业演讲的目的无非是四大目的：融资、公关、发展潜在客户、寻找合作伙伴。所以，我们要明白自己演讲的目的，并围绕目的展开。在这里，我将为大家介绍路演演讲稿的具体写法（见图5-5）。

❶ 商业演讲的展示媒介

进行商业演讲，我们只有两种展示的媒介，一是视觉，二是听觉。

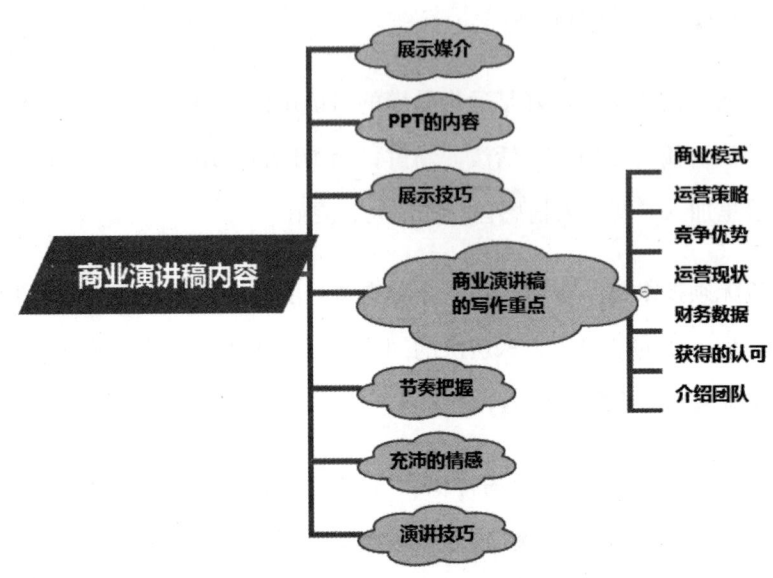

图 5-5　商业演讲稿实操

视觉就是我们能用到的多媒体，能在多媒体上播放的 BP 以及前面提到的一分钟视频，后面我会讲到 BP 制作；听觉就是演讲者展现的台风和临场表现，演说一定要富有激情，要让听众以及评委对你感兴趣，千万别等你说着说着，听众昏昏欲睡了。

❷ 商业演讲稿的写作重点

以融资、招商、众筹、合作、路演为目的的商业演讲中，有些重点内容是必须要提及的，比如商业模式、项目的现状、项目优势等，还有一些可写可不写。这需要根据路演给演说者时间的长短而决定。下面为大家列举了需要在商业演讲稿中体现的重点内容。

（1）商业模式

企业家和职业经理人在做商业演讲时一定要提到企业的商业模式。因为企业挣不挣钱、有没有发展潜力是投资人和合作者所关心的。而商业模式可以体现企业的盈利能力和发展潜力。

（2）运营策略

对于一些项目在初期阶段，尤其是商业模式不清晰的时候，根本就没想明白下一步怎么走。这个时候，项目的运营策略就应该展现出来。演讲内容要明明白白地告诉听众，做这个事情是在测试项目的商业模式，用什么样的策略和方法，最后会落实到真实的商业模式上去。

（3）竞争优势

作为创业项目，对市场的认知是否成熟，这个项目的市场规模和趋势是不是如预期想象的那么大；市场上有什么样的竞争对手，项目处于市场的什么位置。

如果对手是个巨头，创业公司和巨头之间的差异化在哪里？优势是什么？是直接对手还是间接竞争对手？作为创业企业，未来和公司朝一个方向发展的，都会是竞争对手。

（4）运营现状

如果是纯技术的项目，说一下公司的发展历程，比如，产品处于哪个阶段？是已经小批量生产了还是找了一些合作方在测试？有哪些大客户，分别是谁？

（5）财务数据

有关财务状况，有就写，没有可以做个预测。创业公司的财务模型一般都是基于项目的商业模式预测的，这很重要，如果创业者对自己的现金流和公司生存能力都认知不清，只会弱化对公司的好感。

（6）已获认可

项目已经获得了哪些发明专利、政府支持、资质、融资或者哪些大客户的青睐。

（7）介绍团队

介绍一下公司的团队，包括有什么样的人才，以及相互的配合优势。另外，创始人的背景需要重点介绍，一般是核心创始人的学历背景+工作履历。在BP里面，如果整个项目里面最体现项目优势的是团队，那就放在前面；如果不是，可以稍微往后放一点。

（8）融资额及方向

商业演讲的目的是融资以及寻求合作，当然要向听众说明这个项目到底需要多少资金，以及这些钱会花在什么地方。

我建议这份演讲稿最好由企业创始人或者项目负责人亲自撰写，只有了解整个项目和企业，才能写出一份完整、系统、打动人心的演讲稿。

❸ PPT的内容

以融资、合作、众筹、招商、路演为目的的商业演讲当然离不开PPT。PPT是最直观的媒介，图片或者图形能帮助听众理解你的演讲内容。演说的话，并不需要都写在PPT上，PPT最好以"多图少字"为主。演说的内容，需要演讲者自己罗列一个逻辑顺序，然后提前记下来。

我建议，PPT的长度应该控制在10~17页之间，第一页是项目概述，要让人知道你是什么公司；市场规模和痛点，1~2页就够了；产品和技术需要着重讲一下，需要2~4页之间；商业模式和竞争优势各一页；财务和融资额度各一页。这样安排，哪怕临时出现时间缩短的状况，也能在最快的时间把最重要的问题展现出来。

❹ 展示技巧

前面讲过，除了PPT，最好带有一分钟的小视频。这一分钟视频，主要为了讲项目产品以及未来展望。别小看这一分钟视频，它能省掉演讲者在台上两分钟的叙述，而且更能吸引听众的眼球。仅仅用演说介绍你的产品，当然比不上用视频内容更直观地展示出来，这也是视频的优势。

❺ 演讲技巧

上台第一句话一定要是"我是××项目的创始人"。这一点很重要，很多演讲者上台打开PPT就开始演讲，这是绝对错误的，演讲者要第一时间让投资人知道自己是谁。演讲者应该抱着平和的心态来做演讲，把这次演讲当作一个产品宣讲会、发布会，这样可以消除紧张感。

对于纯技术的项目，如果很难把许多技术性的词汇用通俗易懂的语句表达出来，演讲者不妨举一个例子，然后说明自己的产品是什么，怎么实现，需要多长时间。爱因斯坦的相对论都可以用例子来解释，相信我们的项目也可以找到合适的相似例子。

❻ 节奏把握

对于演说现场的节奏控制，需要具体看演讲内容的重要程度决定。产品和技术这一部分，是重点，花费的时间要多一点；市场和需求只是介绍，可以加快语速，商业模式和团队优势，这是投资人感兴趣的点，一定要说透。

在演讲的时候，我建议演说者不要紧盯着屏幕说话，这是对人的不尊重。可以和听众交流一下眼神，也不要过分关注PPT，PPT只是辅助工具，演讲的内容才是重点。

❼ 充沛的情感

一名表现好的商业演讲者，大家都愿意继续和他交流，这不仅是因为产品，还可能是他具备强烈的感染力，人总是喜欢和有魅力的人打交道的。

最后，有一个重点要强调：PPT的最后一页要写联系方式。如果你把整个内容全部介绍完了，那就把PPT停在联系方式这一页，让有兴趣的投资人记住你。

实际上，以融资、众筹、招商、路演为目的的商业演讲可能只有短短几十分钟，要想在这么短的时间内成功获得投资和合作，需要在演讲之前做足准备。我们在撰写这类商业演讲稿时，要时时刻刻把听众放在第一位，遇到纠结不确定处，就设想对面的听众会更喜欢哪一种，这样就知道讲什么了。

| 第 6 章 |

精彩开场：
上台有话说，让你赢在开场前 30 秒

好的开始，是成功的一半，对于一场销讲来说，开场至关重要。精彩的开场白能瞬间hold住全场、打破僵局、吸引听众的注意力，拉近销讲者和听众的距离，让现场氛围变得融洽和谐，也让听众对销讲者留下深刻的印象。所以，一场精彩的销讲，必须要有一个完美的开场。

6.1 做好这五件事，开场就成功了一大半

俗话说"万事开头难"，做任何一件事情，开始的时候总是困难的。开头做好了，后面的事情就会变得轻松容易许多。所以，一个好的开头，不仅能给我们树立极大的信心，还会为整件事情打好基础。比如，早上一起来就收到一个好消息，那么一整天我们就会保持愉悦的心情，做事也利落了，工作效率也跟着提高了。销讲也是这样，一个好的开场，就是成功的一半。

开场表现，是演讲者留给听众的第一印象，而第一印象的重要性不言而喻，它可以在很大程度上影响听众对于演讲者的评价。正如作家李敖所说："你去做一个演讲，一定要在开头 5 分钟内就抓住听众的心。如果你把握不住这 5 分钟，那么你的演讲就注定是失败的。"

在现实生活中，这样的例子比比皆是。比如，在一档综艺选秀节目中，有的选手一上台就自信满满，一开口更是生动有趣，给评委留下深刻的印象。而有的选手往那儿一站，话一出口就让人觉着索然无味，那么评委自然也不会对他有好印象。

所以，一场好的演讲，开头很重要。那么我们该如何做好开头呢？只要做好下面这五件事，演讲就成功了一大半（见图 6-1）。

第 6 章
精彩开场：上台有话说，让你赢在开场前 30 秒

图 6-1　演讲开场五件事

一、打招呼要热情

上台之后，打招呼很有必要，这能快速吸引起别人的注意，让焦点一下子就集中到你的身上。比如，你可以说："今天见到大家，我很高兴，也很荣幸能站在这里。"

打完招呼后，也可以根据现场情况，幽默地调侃和吐槽一下。这里需要注意的是，吐槽一定要简短、有趣！如果把握不好，我还是奉劝你不要讲了。

> **销讲场景**
>
> 举个小例子，有一位演讲者准备上台前，主持人在介绍他的时候，说了很多幽默、夸张的话语来赞扬他，并给他冠了很多头衔，让他觉得有点愧不敢当。于是，这位演讲者在打完招呼后，调侃了一下主持人："要不是亲耳听到主持人的介绍，我还不知道自己竟有如此优秀了。"这样小小吐槽一下，不仅缓解了紧张的情绪，也迅速拉近了与观众的距离。

二、自我介绍要简明扼要

自我介绍带有一定的技巧性，并不是随随便便一句：我是谁，我来自哪里，我是干什么的。这样的自我介绍，很"标签"化，根本不会引起关注，有时候，

听众甚至听都不想听，又怎么会对我们产生耳目一新的深刻印象呢？所以介绍的技巧性很重要。

> **销讲场景**
>
> 我们举个例子来说明一下，比如有位 PPT 培训课程讲师，他在做自我介绍的时候，就有一套自己独特的方式。他是这么介绍自己的："我叫周成旦，江湖人称'淡定哥'，因为不仅我的名字里有个'dan'字，而且我的性格也特别淡定，尤其是在做 PPT 的时候。所以我是一名淡定的 PPT 培训师，主要的培训课程就是 PPT 设计。说白了，我的工作就是教你们如何淡定地制作各种漂亮的 PPT。"我们可以看出，这个自我介绍，不仅简明扼要，而且风趣幽默。

三、戳听众痛点，调动兴趣

当我们做完自我介绍后，接下来一个非常重要的任务，那就是如何让精彩的演讲主题，迅速调动起听众的兴趣。

要如何做到呢？我们可以提供一个比较实用的办法——戳听众的痛点。也就是找到听众的痛点，用提问或摆事实的方式吸引到听众的注意力。比如，好多听众都不太清楚，各个国家会有各种不同的风俗礼仪，一不小心，就很容易出丑，而正好你的演讲内容就是各国风俗礼仪方面的，那么你就可以直截了当地问听众："出国旅游，你遇到过哪些尴尬事？"这样，就会很快吸引到听众的注意力，并提升他们听课的兴趣。

四、演讲目标要明确

戳完听众痛点后，要及时给予解决方案。也就是告诉听众："你们不要因此而困惑，我今天来的目的，就是来解决你们这些困惑的。"这样一来，我们演讲的目标就很自然地表露出来了，听众也会欣然接受。

五、理清演讲的结构

明确目标后，接下来就要简单地介绍一下整个演讲的框架内容，让听众对整个演讲过程有一个大致的了解，这样，听众也会心里有数。

一个好的开场白，就是为一场精彩的演讲做铺垫，所以只要我们遵循以上五个技巧，就会在第一时间内得到听众的信任，从而让我们在接下来的演讲过程中更顺畅、更精彩。

演讲一开始就出现冷场或听众没有积极参与的情况，实在是一件尴尬又窘迫的事情，但只要我们能运用以上5个技巧来巧妙挽救冷场，相信接下来的演讲一定会水到渠成，达到预期的目的。

前面我们讲过在进行演讲的时候，只需演讲者掌控全场就够了。可有些时候，特别是销讲现场会，不光只有演讲者一个人，还有主持人进行配合串场，这种情况下，我们就需要做好准备工作，和主持人提前串好词，并在整个过程中默契配合，这样才显得自然、流畅。

我们来简单了解一个常用的串词模式：当主持人提出一个观点，作为讲师要进行反对，两人最终形成对立面，这样可以迅速吸引到听众的好奇心。这时候，演讲者就要提出一个更有内涵的观点出来，来"打压"主持人所提出的观点，这种"抛砖引玉"式的串词模式，效果会立马显现出来，立刻会让听众认同和欣赏演讲者的观点。值得注意的是，主持人和演讲者在这个模式的互动中，对话一定要清晰流畅，避免卡壳的尴尬状况发生。

两者除了默契配合，还要避免刻意。当演讲者在提到某个问题需要主持人证明时，主持人不能随便敷衍应和，而是要适时地站出来表达自己对这个观点的认可和相关佐证。总之，演讲者和主持人的有效配合，除了上面我们所讲的串词外，还应该注意以下两个方面：

——表情肢体到位

我认为，主持人和演讲者在台上的表现，更像是一种表演。如果两个人只是干巴巴地站在那里一问一答，肯定毫无吸引力。主持人和演讲者应该更像个演员，有着丰富的表情和肢体动作，而且表情和肢体越到位，就越能体现彼此之间沟通的真实性，这样就会更吸引听众。所以，在销讲中我们要把喜怒哀乐尽情地表现出来，才会更有说服力，让听众动心。

——串词内容真实

串词内容真实是我们应该注意的第二个方面，虽说以表演的形式呈现出来会更加生动形象，但是表演的内容一定要建立在真实的基础上，比如串词内容是关于一个客户反应产品效果好，那么这个客户就必须存在，而且用了产品后效果确实也不错。如果只是弄虚作假，那么就很容易穿帮，让听众觉得整个销讲毫无价值可言。总之，销讲可以用演戏的方式呈现，但是表演的内容一定要是真实的。

综上所述，我们在销讲开场时必做的五件事就是：打招呼、自我介绍、戳痛点、阐明目标、简述结构，只有把这些步骤做到极致，我们在演讲的时候才会有一切尽在掌握的自信。

6.2　三种开场方式，让你在 10 秒钟内 hold 住全场

如果开场白像一杯白开水，那么就索然无味，让人觉得无趣。好的开场必定

第 6 章
精彩开场：上台有话说，让你赢在开场前 30 秒

能快速吸引到听众，给听众留下美好的第一印象。人与人见面也讲究第一印象，第一印象的好坏直接关系到后面将要发生的事。俗话说，好的开场是成功的一半，就是说开场非常重要。它的作用如同我们写一篇文章的开头，好的开头，总给读者耳目一新之感，能迅速抓住读者的注意力，并调动其阅读的积极性。

开场白既然如此重要，它的目的是什么呢？总结为三点：一是拉近距离，二是建立信任，三是引起兴趣。这三点之中，第一点是建立在其他两点基础之上，也就是说拉近对方与我们之间的距离，才能顺利地建立信任关系，引起对方的兴趣。千万不要低估了开场白的作用，它将决定你在接下来的演讲过程中会不会招人待见，是被听众喜欢还是被嫌弃。

所以，开场白一定要生动有趣、别具一格，这样才会迅速吸引到听众，从而为接下来的演讲做好铺垫。

开场白没有固定模式，可以针对不同的情况选择合适的模式来设计。通常情况下，演讲的开场白可以分为以下三种（见图 6-2）。

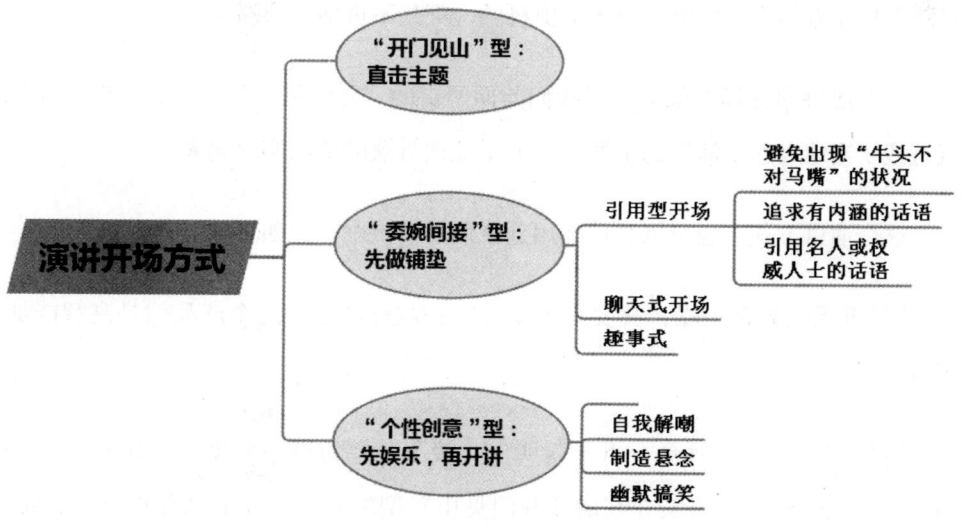

图 6-2　演讲开场方式

一、"开门见山"型：直击主题

销讲中，我们常碰到的一种开场叫作"开门见山"型，这种开场方式很简单，就是直接告诉大家我今天要演讲的目的或者主题是什么。比如我们推销一本畅销书，那么在开场的时候，你可以这样说："大家好，我今天为大家推荐一本书，书名是……"这样听众马上就能清楚你要销讲的主题和大致内容是什么。

这种开场白，有利有弊。好处是在一开场的时候，就直截了当地阐明主题，让听众能够明确知道你要讲什么，这对有需求的客户来说，会起到一定的帮助作用，他们愿意去倾听你接下来的内容。而且这种方法很适合一些刚入这行的销讲者，通过直击主题式的开场，能迅速理顺演讲思路，并牵制自己的演讲思维，为后期更好的演讲打下基础。弊端就是太直截了当，让听众感觉有些突兀，代入感稍差了些，很难与需求不那么强烈的客户产生共鸣。

我们来看一下恩格斯的《在马克思墓前的讲话》一文。

"3月14日下午两点三刻，当代最伟大的思想家停止了思想。这个人的逝世对欧美战斗着的无产阶级、对于历史科学，都是不可估量的损失。"

这个演讲的开场白就运用了我们前面所讲的"开门见山"型，恩格斯一开始就直截了当地表达了演讲的主题，一下子就把听众的情绪调动起来。

这个演讲方式，也可以直接运用到我们的销讲中，比如：

"最近天气异常干燥，我要与大家分享一款好产品，这个产品就是高智能加湿器……"

这样的开场，让听众一下子就明白，接下来要讲的主题就是加湿器的相关内容。虽然这是一个实实在在的"开门见山"型的方式，但是也有其巧妙之处，

第 6 章
精彩开场：上台有话说，让你赢在开场前 30 秒

把"最近天气异常干燥"融入进去，能够引起听众的认可，从而愿意继续听你讲下去。

如果我们没有运用前面的"最近天气异常干燥"这样的短语，直接"开门见山"，那就必显突兀，让听众觉得毫无意义，不感兴趣。所以说，要想让"开门见山"型的方式达到好的效果，就必须经过一些巧妙润色。这样既可以直截了当地开宗明义，也可以避免因突兀引起反感。

虽然这种"开门见山"型的方式看似简单直接，但是没有一定的技巧性，还是达不到预期效果。为什么有的销讲者运用"开门见山"的方式后迅速得到听众地反应，而有的却起到了反作用，让听众没有继续听下去得兴趣。究其原因，就是没有把握好小窍门，才导致听众不愿听你多讲。我们来看下面两个开场白：

"大家好，今天我给大家推荐一款产品，它的名字叫……"

"大家好，今天我给爱美的大家推荐一款滋润又保湿的补水神器，这款补水神器的名字叫……"

我们看完后，更喜欢哪一种呢？两种都是"开门见山"型的开场白，带来的效果却是截然不同的。原因就在于第二种的开场白用了很多形容词来修饰，注入了一定的感情色彩，把听众的吸引力集中到演讲的内容中。而第一种只是平铺直叙地阐述，让你听着就会犯困，根本引不起听众的注意。

值得注意的是，我们在运用"开门见山"式开场白时，不要过多使用修饰词，频繁使用的结果只会显得累赘，甚至让听众觉得很啰唆，无法提起精神。我们在表达前，一定要对演讲内容进行高度的概括和总结，用精练简短的语言表达出来。

二、"委婉间接"型：先做铺垫

"委婉间接"型开场是完全不同于"开门见山"型的另一种开场方式。这种开场方式不直接阐述演讲的主题，而是运用一些相关的话语或开场技巧做铺垫，来引出演讲的主题。比如我们在销讲中，要推销一款空气净化器给大家，开场时你可以先讲一讲雾霾、甲醛、空气质量等方面的内容，把听众的思维自然而然地引到健康上面，然后你再抛出空气净化器这款产品出来。

运用好"委婉间接"型的开场，所呈现出来的效果也非常好。要想让"委婉间接"型开场发挥其价值作用，我们可以借鉴以下几种方式。

❶ 引用型开场

运用一些名人名言或相关的语言做开场，不仅可以为销讲主题做铺垫，还可以烘托销讲的现场气氛。比如：

培根曾经说过："健康的身体乃是灵魂的客厅，有病的身体则是灵魂的禁闭室。"

这个开场白就是利用名人名言进行铺垫，逐渐引出保健产品。我们在运用这一形式的开场白时，要注意以下几点：

（1）避免出现"牛头不对马嘴"的状况。我们在运用一些相关话术和技巧做开场铺垫的时候，要密切贴近相关产品，避免出现张冠李戴，牛头不对马嘴的状况发生。就好比刚才我们提到的关于保健产品的销讲，如果你引用的名言是关于励志方面的，那么就会让听众一头雾水，不知所云。

（2）追求有内涵的话语。不管是名人名言还是摘抄引用的语句，都要带有丰富的内涵，这样在销讲中就能提高感染力和说服力。而浅显粗俗的语言，总给人

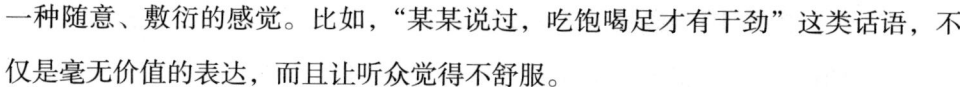

第 6 章
精彩开场：上台有话说，让你赢在开场前 30 秒

一种随意、敷衍的感觉。比如，"某某说过，吃饱喝足才有干劲"这类话语，不仅是毫无价值的表达，而且让听众觉得不舒服。

（3）引用名人或权威人士的话语。所谓"人微言轻、人贵言重"说的就是权威效应。我们在进行销讲时，引用一些名人或者权威人士的话语做开场白，可达到事倍功半的效果。因为听众往往会认可权威人士和名人的观点，抓住听众的这一心理，可迅速引起他们的关注，同时也更能说服客户。反之，如果你引用的话语，只是随口编造的，那么也起不到任何作用，反而会降低人们对你的期望值。

❷ 聊天式开场

在销讲中，我们经常可以看到有些销讲者会通过聊天的方式，来拉近与听众之间的距离，让彼此之间迅速建立起良好的信任关系。特别是一些有权威的人士和名人，用这种方式进行互动和交流，效果就特别好。

销讲者上台后为了拉近与听众之间的距离，会有一个暖场的过程，这个过程就是销讲者通过讲一些与主题无关，但是客户又比较感兴趣的话题，来增加彼此的沟通。随着聊天的深入，彼此之间的距离也越来越近，这时候你就可以自然而然地引入自己的销讲主题，这是一种典型的"委婉间接"的聊天式开场白。

> **销讲场景**　这种聊天式的开场白，特别适用于一些防备心强甚至有反感情绪的听众。2008 年，我给一个企业做销讲，到现场后，我发现听众一个个没精打采，一点激情都没有，而且他们对我的到来，没有一点欢迎和接受的态度。当时，我就是运用了这种聊天式的方式，跟他们闲聊。聊一聊他们身边发生的趣事或者一些热点新闻之类的，很快就吸引到他们的注意力，开始主动跟我聊天，他们的防御心理此时也逐渐消退，开始接受我的存在。

· 123

大概 10 多分钟过去，我们之间已经建立起非常信任的关系，这个时候，我就找准时机，把产品推销出去，他们不但没有表现出反感，反而都很认真地在听我讲。当时，我觉得特别有成就感。

❸ 趣事式

我们每个人都有好奇心，特别喜欢听一些奇闻趣事。那么，我们在做销讲的时候，不妨讲一些奇闻趣事来激发听众的激情，从而快速吸引到听众的注意力。

> 销讲场景
>
> "我曾经听过这样一段相声，说清朝李莲英当大总管的时候，中国也参加过奥运会，而且选手都是李莲英自己挑选的。他让轻功了得的大侠参加跳高，宫里传旨的小太监参加短跑，北京天桥变戏法的参加篮球赛。结果在打篮球的时候，几个变戏法的不见传球，只见入网，轻松赢得了比赛。后来，打篮球就只能穿大裤衩和背心啦。这段相声让我当时笑了好几天，当然，这只不过是一段相声而已，中国人首次参加运动会是在 50 多年前，而且只有一名运动员……"

这个演讲之所以很成功，开场白起到了关键性的作用。演讲者通过一个小故事引入演讲内容，让听众从一开始被有趣的故事深深吸引。其实在我们做销讲的时候，也可以经常借用这种方法，比如讲一个热点新闻或者大家不知道的奇闻逸事，或者自己杜撰的趣事也行，只要是能够吸引听众的话题，都可以加以运用。

值得注意的是，无论是奇闻逸事还是新闻趣事，都要与我们所讲的销讲内容有关，如果没有直接关系，也要有间接关系。要不然，你在讲完开场白后，生硬地引进正题，就会出现断层的状况，让听众莫名其妙。

三、个性创意型：先娱乐、再开讲

我们前面说过，开场白其实没有一个标准的固定模式，我们可以根据内容、产品和观众特性做一些"个性创意"型的开场。比如设计一些新奇、有趣的开场形式，其目的就是为了给听众耳目一新的感觉，从而激发听众的兴趣。关于这种"个性创意"型，我们可以细分出以下几种开场类型，供大家参考。

❶ 自我解嘲

在销讲中，适时地运用一些自嘲的语气进行开场，会让听众有一种亲切感。因为听众都普遍认为销讲者懂得肯定比自己多，会有距离感，但当你用自嘲类的方式进行自我"抨击"时，听众就会觉得你有亲和力，从而从心里接受你的演讲。

大师级别的人物最容易跟听众产生距离感，所以为了杜绝这种情况的存在，大师们往往也喜欢运用自嘲的方式，来获取听众的亲近感。比如，爱因斯坦在一次科研会上这样开场：

"因为我对权威的轻蔑，所以命运惩罚我，使我自己也成了权威，这真是一个十分有趣的怪圈。"

爱因斯坦通过幽默的自嘲方式，迅速吸引到听众的注意力，并逗乐了在场的听众，从而拉近了他们彼此之间的关系，听众也欣然接受了他的演讲。

这就是极具个性化的创意开场，这种方式收到的效果固然不错，但也存在一定的风险性，运用得不准确，也会带来负面效果。因此，我们在做自嘲类的开场白时，要抓住一个适度的标准，自嘲太过度导致自己的形象贬损严重，你的缺点都暴露出来了，你拿什么来让听众信服。

❷ 制造悬念

利用听众的好奇心，我们可以制造一个悬念，这样比较容易调动听众的积极性，再卖卖关子，让听众参与竞猜，然后根据听众的反应来公布答案，这样就能很快活跃现场的气氛。

销讲场景

有一位演讲者在开场前问了现场观众一个问题："你们知道人是从哪里开始老的吗？"

观众甲说："从脑袋，因为人老了就会反应迟钝。"

演讲者摇了摇头，接着观众乙说："从腿部，因为人老了就会走不动道。"

演讲者还是摇了摇头，观众丙说："从背部，因为人老了就会驼背。"

演讲者依然摇了摇头，这时台下所有的观众都很好奇，都在等待"正确"答案。演讲者顿了顿说："我觉得人是从屁股开始老的。"演讲者刚说完，所有观众都哈哈大笑。

紧接着演讲者说："你们看有些领导，整天坐在办公室开会、论道，纸上谈兵，屁股既要承受上身的压力，还要与凳子进行摩擦，时间又那么久，难道屁股不是老得最快吗？"这个笑话活跃了现场气氛，并顺利引出了"官僚主义作风"这一演讲主题。

从演讲的角度来看，利用笑话来引爆现场气氛的方式是一种效果非常好的开场白。在以上这则笑话中，通过制造一个悬念，来吸引听众的关注，然后再给出大家迫切想知道的答案，瞬间就让现场的气氛活跃了起来。不仅如此，通过巧妙设置，很自然地就引出主题。

我们不难发现，悬念类的开场都有一个共性，就是增强了听众的参与性，让

第 6 章
精彩开场：上台有话说，让你赢在开场前 30 秒

听众在娱乐过后进行深入思考，而这个思考过程非常关键，如果我们把握得好，可将听众快速往演讲主题上引导，从而起到流畅的过渡作用。但需要注意的是，设置的悬念要与销讲内容有关，避免无效的悬念误导听众的思考。在运用悬念类开场白的时候，要注意以下几个关键点：

（1）设置的悬念尽量高深一点，如果是普遍知道的，那就不能称之为悬念。其次，悬念不能太过于老套，这样才能达到引爆全场气氛的效果。

（2）悬念设置后，根据听众的反应度来公布答案，这里就需要把握好解开时机。悬念持续的时间太长或太短都不行。太长让听众觉得心烦，没有耐心再等；太短则发挥不出悬念设置的作用。

❸ 幽默搞笑

我们在日常生活中，最喜欢接触具有幽默感的人，这类人常常让我们感到快乐，而且无比轻松。而幽默的语言和故事同样具有这样的功能，好好利用它们，也会让听众感受到轻松愉悦的心情，而且，这种方式引爆现场气氛的作用更明显。

> **销讲场景**
>
> 1965 年 11 月，美国作家安娜·路易斯·斯特朗女士在上海过 80 岁生日，周恩来总理为她举行了盛大的生日会。在生日祝福演说时，周恩来总理是这样说的："今天，我非常荣幸地为我们的好朋友——安娜·路易斯·斯特朗女士庆祝 40 公岁生日。"周恩来总理话还没有说完，大家听着有些好奇，寿星明明是 80 岁，怎么是 40 公岁呢？而且，"公岁"这个词也是大家第一次听到。
>
> 紧接着周恩来总理说："在中国，'公'是两倍的意思，比如 40 公斤等于 80 斤，40 公岁就等于 80 岁嘛！"

听完周总理的话，所有的听众一阵欢笑，生日晚宴几乎提前达到了高潮，寿星斯特朗女士也激动地流下了眼泪。

运用幽默类的开场白，尽量选择积极高雅的语言，避免低级粗俗的无聊表达，因为在销讲时的语言功底，也决定了我们在听众心目中的形象。

在实际操作的过程中，我们还可以根据现场情况设计出更加合适的开场形式。总而言之，好的开始，是成功的一半，如果我们能为销讲设计出一个好的开场白，那么销售成功的概率一定会增加好几倍。

6.3 让顾客立刻参与你演讲的六个问句

销讲，虽说也是演讲的一种，但它不同于其他类型的演讲。因为它的目的十分明确，就是把手中的产品通过销售演讲的方式卖出去，把顾客的钱收到自己的口袋里。

如果你以为随便讲几句话，就能达到销售产品的目的，那就大错特错了。为什么说错了？因为你如果不能在开场的短时间内带动顾客的兴趣，且单纯地以为销讲是一个人在台上自顾自讲话，卖力地夸奖产品的诸多好处，那么你的销售结果离你的预期目标可能会相差甚远。

仔细观察那些成功的销售者，我发现他们在做销讲时都有一个共同点：懂得向顾客提问题。并在提问的过程中通过一问一答的方式，来带动顾客的热情与兴趣，激发他们的购买欲。

比如说，医生通过对患者提问，在一问一答间了解患者的真实情况；警察通过对犯罪分子的提问，在一问一答间发现蛛丝马迹，从而顺藤摸瓜顺利破案；律师通过提问，在一问一答间不仅可以引导出对方说出事实的真相，还能通过提问来反击对方的嚣张气焰。

不只在其他行业，在销售行业也是如此，我们可以通过提问来挑起顾客的兴趣，激发对方的参与度，让顾客立刻参与到自己的销讲中来。

那么，作为一位优秀的销讲者，面对不同的场合与顾客，该运用怎样的提问方式呢？下面整理了常见的六种提问方式，希望对大家有所帮助（见图6-3）。

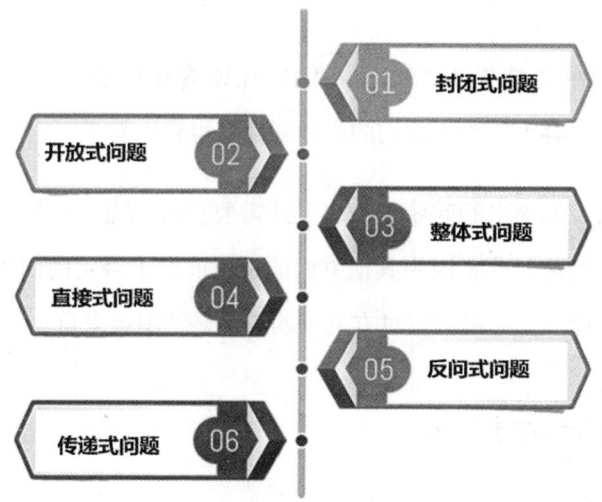

图6-3　即刻参与演讲的六种提问方式

一、封闭式问题

"到底是还是不是？"

"你是喜欢黄色的这款，还是喜欢红色的这款？"

这几种提问方式，都属于封闭式提问，它的特点就是存在限制，答案一般在"是、不是""对、错""有、没有"之间展开。其好处主要体现在两个方面：

第一，顾客不用过多思考就能做出回答，而你在销讲的过程中即便是跑题了也能瞬间将话题纠正过来。

第二，有助于销讲者征求顾客的意见与需求，做出相应的调整，从而促使顾客下决心购买。

虽说封闭式问题有助于让顾客立刻参与到销讲中来，但这并不代表万事大吉，在提问时要注意几个关键：尽量问简单又容易回答的问题，最好是二选一的问题。

换言之，如果我们提出的问题不仅能让顾客积极参与，且连续回答7个"是"，那么想让顾客下单购买我们的产品就会变得轻而易举。

反之，如果我们提出的问题复杂多变还需要反复思考，顾客便极有可能在思考的过程中产生犹豫，或者因为其他方面的担忧而做出否定的回答，在顾客产生抗拒与排斥的心理下，你再游说对方下单购买，显然困难重重。

二、开放式问题

开放式问题的特点就是答案不存在绝对性，一般在"如何""什么""怎样"之间展开，它的好处就是通过提问，让顾客打开话匣子，在一种轻松愉悦的情况下侃侃而谈。尤其是在销讲的过程中，若想和顾客产生近距离的互动，多了解一些顾客的需求，不妨多提出一些开放式的问题，增加成交的概率。

三、整体式问题

销讲者在提出问题后，其目的是带动台下所有顾客的热情与参与度，而整体式问题的好处便能满足这一需求，迅速将顾客的注意力吸引过来。但这种提问方式也存在弊端，有些顾客内心就会想：反正有这么多人回答，也不缺我一个。如果每位顾客都怀揣这样的想法，就有可能造成冷场的尴尬局面。这种情况下，又该如何处理呢？

很简单，销讲者在抛出问题后，就要从等待的人群里寻找那些目光注视着自己的顾客，向对方抱以肯定的回应，并给予暗示，或许对方就会顺势而起，勇敢地站出来回答问题。若实在没有顾客回应，那么你也可以自圆其说："台下的顾客此时此刻都在思考刚刚的问题，那么我先把自己的观点表达出来，供大家参考。"以此来化解尴尬。

四、直接式提问

直接提问就是点名某位顾客来回答自己提出的问题，其好处在于问题不至于石沉大海，总会有一个去向和着落，但缺点就是顾客在回答问题时很有可能因不知如何回答，而将答案说得天马行空、不着边际。

因此，你在直接提问时可以让较为熟悉或了解的顾客来回答，最好是在开场前做好相关的准备工作。

五、反问式问题

反问式问题与其他几种提问方式不同，它是指向顾客提出问题后，不予直接回答而将问题抛给顾客的一种方式。

值得注意的是，在将问题抛给顾客时，最好不要带有挑衅或敌对的成分，否则容易激怒对方，还有可能被顾客怒怼："我要是知道答案的话，还要你干什么？"

六、传递式问题

"××顾客，你能就×××顾客刚刚提出的问题阐述下你的个人观点吗？"

这便是传递式提问，它是指某位顾客提出问题后，销讲者不予回答，而是把问题传递给在场的其他顾客，让其他顾客来回答。这种方式虽然不错，但在具体实施时也要注意以下三点：

◎ 并不是所有的问题都可以传递给其他顾客来回答；

◎ 在描述产品的性能与特点时，不适合采用传递式提问，否则顾客会认为你的态度过于敷衍；

◎ 在传递式提问的过程中，若收集到一些不同的意见与观点后，也要学会总结与归纳。

以上便是调动顾客热情，让顾客立刻参与我们演讲的六个问句，只要合理运用并掌握了它们的规律与技巧，成功将产品销售出去将会变得易如反掌。

不过，在具体的实施过程中，我们还需要牢记以下提问的四个原则（见图 6-4）。

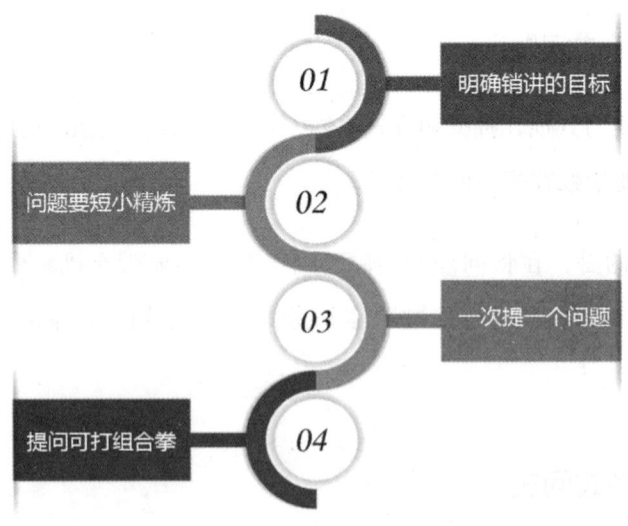

图 6-4　提问的四个原则

七、向顾客提问的四大原则

❶ 明确销讲的目标

虽然提问能获得顾客的积极参与，但在提问时也不要忘记了此次销讲的目标是什么。只有明确了目标，才能以目标为导向来提出问题，从而为接下来的成功销讲做铺垫。

❷ 问题要短小精练

提问时问题一定要短小而精练，要通俗易懂，让顾客瞬间就能理解和明白。反之，过于复杂的问题不仅耗费时间，还容易引起顾客情绪上的不满。

❸ 一次提一个问题

如果一次性提出的问题过多，那么顾客可能会手足无措，不知道先回答哪一个。因此，销讲者要想让顾客即刻参与到演讲中来，就只能一次提一个问题，以免造成顾客内心慌乱。

❹ 提问可打组合拳

提问时并不需要严格按照顺序来进行，也可以采取打组合拳的方式来穿插进行。比如，先使用开放式再使用封闭式，只要能达到让顾客参与的目的就行。

以上就是向顾客发问的方法和技巧，我们在做销讲时，要灵活运用这六大提问方式，用问题吸引顾客参与到销讲中来。

6.4 创意开场，让观众情不自禁地说"wow"

我在很多行业做过销讲，也有作为听众参加过他人的销讲。在我作为听众参加过的这些销讲中,有些是能让我记忆犹新的,而有些我却只能依稀记得当时销售的产品是什么,其销讲的过程却一点也记不起来了。

之所以这样,是因为销讲中各个环节的情景不相同,特别是销讲人员出场的方式设计不同。有些销讲人员的出场能让听众印象深刻,而有些销讲人员的出场则平淡无奇,让听众过后就忘。

在本节中,我将重点给大家讲述销讲人员出场设计。这里所指的人员出场设计,并不单指销讲人员的出场,还包含参加会议的主持人、嘉宾和听众等人的出场,且人员出场设计还包含很多方面,比如人员出场形式、引导词和背景音乐等。

那么,如何才能设计出令人印象深刻的创意开场,让观众情不自禁地说"wow"呢?接下来,就让我们仔细地解读和分析。

一、引导词

所谓引导词,就是指对人员在出场时进行的一种人物介绍,这个工作一般是由主持人来做的。比如讲师出场时,主持人可以这样介绍:"接下来即将要出场的这位,是一名优秀的讲师,他在讲台上无私奉献着自己的一生,为了自己的梦想不断追求。曾经的他口吃,也做过保安,但是经过一番努力与拼搏之后,他成为了优秀的讲师,他就是我国著名演讲家——彭博,现在有请中国会销说服力讲师训练营创始人彭博上场。"

这便是一个成功的引导词,因为在讲师出场之前,里面用了一些简单凝练的修饰语和故事情节,制造出了一定的情景,让听众对讲师事先有了一个大概的了解。

要是专家出场的话，主持人则可以这样介绍：

"所谓有调查才有发言权，在一个行业里，如果你能研究20年，那么你对这个行业肯定会有自己独到的见解。今天，我们非常幸运地请到这样一位专门调查××领域的专家，他在该领域研究了30年，他就是×××。"

这也是一个比较成功的引导词，它最突出的优点就是主持人制造了一些情景，让出场人物的形象更加饱满，这也为出场人之后进行的演讲奠基了良好的基础。由此可见，在出场设计时，销讲者可以借鉴这种制造情景的方式融入到引导词中，为销讲打好"开头战"。

二、音乐

在销讲中，背景音乐是销讲人员出场不可或缺的一个要素，它不仅能活跃现场的气氛，而且还能调动听众倾听的积极性。值得注意的是，不同的人物出场需要匹配不同的音乐风格，也就是说要选对背景音乐，才能起到最好的效果。

下面，我列出一些不同人物出场时常用的背景音乐，供大家参考。

听众进场的时候，大家通常用得最多的是《好日子》等激情飞扬的歌曲。《好日子》不仅能够烘托喜庆的氛围，而且还是老年人喜欢的歌曲，要是听众是老年人的话，那么用这首歌曲是最适合的了。

主持人出场的时候，大家用的多数是那些节奏感紧张、收放自如的背景音乐，比如《万宝路》，就能体现出现场的气势磅礴。

嘉宾或讲师出场的时候，为了彰显嘉宾或讲师的尊贵以及大家对嘉宾或讲师的重视，大家常用的是《拉德斯基进行曲》，这首歌的曲风，不仅能够体现嘉宾或讲师的威望，还能有效地吸引听众的注意力。

三、出场形式

> **销讲场景**
>
> 我曾经参加过一个销讲活动,有一个讲师在出场的时候装扮成古代的皇帝,他的身后跟着几个太监、侍卫和宫女。这种新颖的出场形式一下子吸引了所有听众的注意力,后来才弄清楚原来他们销售的产品是一些古代的高仿品。
>
> 这次的销讲活动也给我留下了深刻的印象,以至于我每次回想起来,都觉得十分有趣。

其实,销讲出场的形式是多种多样的,包括演唱会式出场、情景剧式出场、舞蹈式出场和隆重的出场等。至于应该采取哪种出场形式,需要我们根据自己公司的销售产品、销讲场合以及听众群体等因素而定。

一般情况下,听众群体是年轻人的,就采用一些比较新颖的出场形式,而听众是老年人的,则适合采用一些隆重而规矩的出场形式。

关于创意开场的内容,通过对本节的学习,相信大家已经有一定的了解,在今后的销讲中,如何做到让观众情不自禁地说"wow",这就需要我们在掌握本节知识的基础上,再进一步将这些知识运用到实际销讲中。

第 7 章

发问系统：
灵巧提问，步步深入探出顾客真心

提问和回答是一种巧妙的沟通方法，所有的销讲大师都是提问高手，他们可以通过提问探出顾客的真心。提问还可以帮顾客做选择，让他们明白自己想要什么；提问可以解答顾客的疑惑，让他们对产品有更深入的了解；提问还可以放大顾客的渴望，让他们在问答的过程中立即购买产品。

7.1 提问需讨巧，从客户感兴趣的问题入手

很多销售员在与客户沟通的过程中，经常陷入这样的误区：只谈自己喜欢的话题，而不谈客户喜欢的话题。他们习惯用自己习以为常的说话方式去与客户沟通，而不习惯用客户喜欢听的方式与他们沟通。结果，导致自己与客户的沟通难以进行下去，销售的目的也无法实现。

所以，销售员应该采用灵活发问的方式来引导客户开口，并借助提问的方式，让双方的沟通顺利进行，从而充分掌握客户信息，得到客户满意的答复。销售员采用正确的提问方式，不仅可以减弱客户的抵触心理，同时还能获取客户的好感，可谓是一举两得。

销售员在赢得客户好感的基础上，可以引导客户按照我们的思维方式去思考问题，从而实现我们所期望的销售愿望。

所以，销售员采用灵活多变的提问方式去引导客户，与客户做深入的沟通，肯定会为自己带来很多意料之外的收获和惊喜。

在我们正式谈到如何有效提问之前，先来看看下面的案例。

第7章
发问系统：灵巧提问，步步深入探出顾客真心

销讲场景

销售员："您好！王总，我是某财务软件公司的小苏，很高兴您能在百忙之中接听我的电话。"

王总："有事吗？"

销售员："是这样的，我们公司不久前代理了一款能够提高库存管理与财务管理效率的软件，听说贵公司目前还没有开始使用这方面的软件，是吗？"

王总："你从哪里听来的，我们这么大的公司怎么可能不使用财务管理软件，你弄错了吧。"

销售员："是吗，那您公司使用的是什么品牌的财务软件呢？"

"嘟嘟嘟……"销售员话音刚落，对方便挂断了电话。

显然，这位销售员提问的话题没有勾起王总的兴趣，以至于对方直接挂断了电话。接下来，我们再来继续看，为什么同一个案例，同样的目的，却因为采用不同的提问方式，得到截然不同的结果呢？

销讲场景

销售员："您好！王总，我是某企业管理咨询公司的小苏，想向您请教几个问题？"

王总："什么问题？"

销售员："是这样的，王总，有很多公司给我们这边打电话，问我们一些关于库存管理、产品分类管理以及财务管理方面的问题，还请我们向他们提供关于这方面的人才。王总，不知道您对这方面是否有更好的观点与意见？"

王总："这个不难，我们公司不管是仓库管理，还是财务管理，都有专人负责。但他们办事效率较低，每当我需要查阅相关报表时，他们却不能够及时统计出来，而且只要人员发生流动或调整，就会出现各种各样的纰漏。不知道，你们有没有好的解决办法？"

销售员："王总，我想请问下，您现在使用的是什么品牌的管理软件呢？"

王总："管理软件？这个好像没有必要吧，因为人工做账比较灵活一些。"

销售员："是的，之前那些给我们打来电话咨询的公司，也喜欢人工做账，虽然人工做账比较灵活，但也存在一些弊端……而且他们还没有您分配得这么细致。不过，他们之前所存在的问题，现在都已经解决掉了，而且效率也有很大的提高。"

王总："是吗？那是怎么解决的？"

销售员："他们使用的是 xxx 财务管理软件，使用这款软件，不但节省人力物力，而且每天都能及时掌握到当天的畅销产品、滞销产品比例和进出账情况等。"

王总："是吗？哪里有这样的软件？从哪里可以买到？"

销售员："这样吧，王总，我今天下午三点去您公司，将软件带过去，为您详细讲解和示范这款软件，您觉得怎么样？"

王总："好啊，那就谢谢你了。"

从这个案例中，我们可以看出，这个销售员的目的是想要王总意识到使用这款软件的重要性，然后再购买这款管理软件。这个销售员很聪明，他懂得采用不同方式的提问，先让王总接受问题，进而回答问题，接着提出自己的观点表达出自己的想法。

唯有这样，销售员才可以根据对方的答复，给出准确性的对答方式，让对方按照自己的思维行事，以此达到自己的销售预期。

通过这个案例，我们可以得出这样一种结论：同样的目的，换一种提问方式，结果便截然不同。这就是所谓提问的技巧。

第7章
发问系统：灵巧提问，步步深入探出顾客真心

因此，销售员在进行提问时，不妨先思考以下两个问题：

我提问的目的是什么？也就是要弄清楚自己为什么提出这个问题，想要得到什么样的结果。

我应该采用哪种方式去提问？也就是要知道自己应该怎么去表达问题，因为不同的提问方式，最后得到的结果是截然不同的。

以上两个问题是所有成功的销售员都会意识到的，正因为如此，他们才能把提问做到滴水不漏，让客户满意。那么接下来，我们该如何去向客户提出感兴趣的问题呢？不妨从以下两方面入手：

一、客户对哪些问题感兴趣

首先，我们必须要确定客户对哪些事情感兴趣，这样才好对症下药。一般来说，我们可以从以下五个方面着手（见图7-1）。

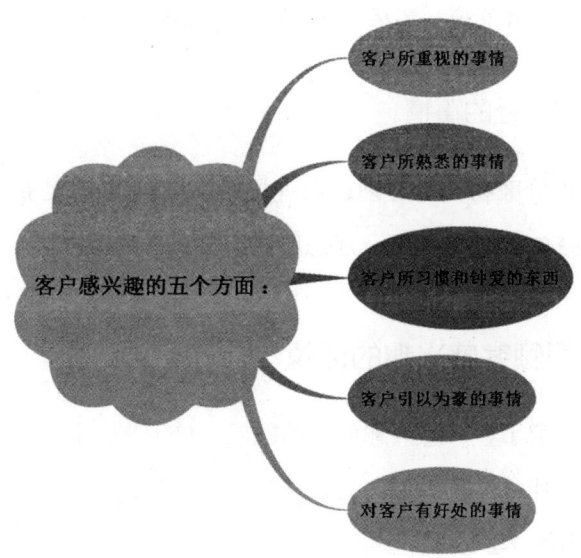

图7-1　客户感兴趣的五个方面

❶ 客户所重视的事情

销售员问客户所重视的事情,这就意味着销售员对客户本身是很重视的,这一点客户肯定也能感受到。比如,"您家小孩在幼儿园吃饭怎么样呀?"

❷ 客户所熟悉的事情

每个人对自己不熟悉或太过于遥远的事情不感兴趣,客户也是一样的。所以,销售员应该多说那些客户所熟悉的事情,才能打开客户的话匣子。

❸ 客户所习惯和钟爱的东西

比如,如果客户喜欢钓鱼,那么销售员就可以这样问:"听人说,您喜欢钓鱼,请问您钓鱼有什么诀窍吗?"

❹ 客户引以为豪的事情

比如,遇到客户在刊物上发表过作品的,那么销售员可以这么说:"我不久前在某学术刊物上看见了您的大作,让我敬佩不已啊!"

❺ 对客户有好处的事情

基于人们喜欢价廉物美的心理,销售员可以这样说:"若是我这里有一种办法可以帮助您省去20%的电话费,那您愿意了解一下吗?"

二、如何问顾客感兴趣的话题

在我们大概了解了客户感兴趣的的话题后,接下来,我们就可以围绕这些话题对客户提问了。那么,我们如何对客户问及他们感兴趣的话题呢?可以从以下四个要点入手(见图7-2)。

第 7 章
发问系统：灵巧提问，步步深入探出顾客真心

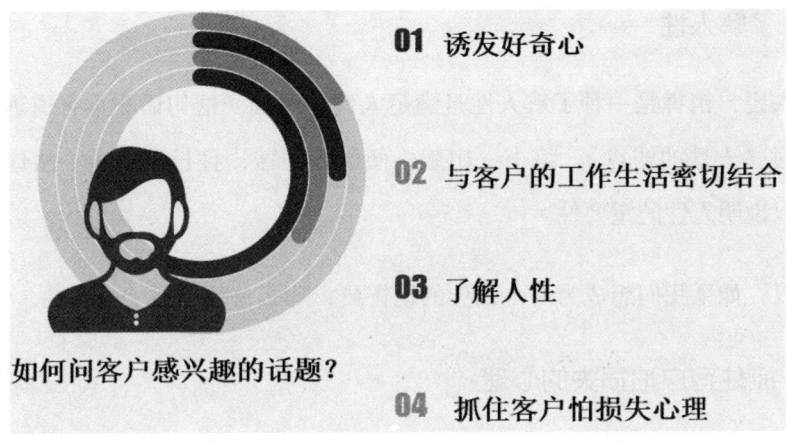

图 7-2　向顾客提问的四个要点

❶ 诱发好奇心

所谓诱发好奇心的方法，就是指销售员跟客户见面之初，就向客户说明情况或者提出问题，且故意说一些能激起他们好奇心的话题，然后再把他们的思想引导到自己能够为他们提供的好处上来。

比如，有一个销售员，给一位多次拒绝见他的客户递上一个纸条，纸条上写："请您给我十分钟可以吗？我想为一个业务上的问题征求您的意见。"这句话诱发了这位客户的好奇心——他想向我请教的问题是什么呢？同时也满足了这位客户的虚荣心——他向我请教问题，说明我很有能力。结果意料之中，销售员如愿进入了客户办公室。

❷ 与客户的工作生活密切结合

如果想让客户对我们的产品感兴趣，只有一个办法，就是将我们的产品和客户的工作与生活中的需要连接起来。作为销售员，我们应该认真地思考这些问题，比如，客户需要的是什么？客户的哪些事情与我们的产品有关联？等等。

❸ 了解人性

有人说，销售是一种了解人性且满足人性的过程。这句话非常有道理。卡耐基曾写过《人性的弱点》，该书一出版，便风靡全球，且长销不衰。从这两点来看，足以说明人性的重要性。

所以，如果我们想成为一个顶尖的销售员，那么首先需要了解人性。

❹ 抓住客户怕损失的心理

通常，一个人内心的本能反应是"趋利避害"，这和我们推崇的"追求快乐，远离痛苦"其实是一个道理。客户也不例外，他们同样也会怀抱这样一种害怕损失的心理。

所以，作为销售员，我们要让客户觉得没有使用我们的产品是一种损失，这样他们就有可能会购买我们的产品了。

总而言之，做什么都需要技巧，做销售也是一样。所以，销售员在对客户进行销售之前，应掌握一些沟通上的技巧，这样才能从客户感兴趣的问题入手，激发起客户的购买欲。而本节内容，就是教你如何有技巧地去与客户沟通，以便最后达成自己预期的销售目标，只要将以上提问的技巧进行合理的运用，想要成功促成销售将不再是难事。

7.2 如何运用开放式问句和封闭式问句

在销讲的发问系统中，所问的问题不是能得到顾客回答就可以的。要知道，模糊语言也是顾客保护自己的一种方式，有的顾客甚至会直接说出拒绝的话或是摆出拒绝的态度。但是作为销售人员的我们，不能因为顾客的拒绝而退缩，而是

第 7 章
发问系统：灵巧提问，步步深入探出顾客真心

要学会用特殊的问句来"撬开"顾客的嘴，这样才能从顾客的语言中获得自己想要的信息，然后再满足顾客的本质需求。

发问是一门学问，不同的问句可以带来不同的效果，让顾客开口才是关键。在销讲系统中，所有的问句分为两大类：一种是开放式问句，一种是封闭式问句。

如果我们能很好地掌握以上两大类问句，就可以在恰当的时间使用不同的问句对顾客进行提问，同时再配上一些辅助性的语言，这样不仅能得到自己想要的信息，还能让顾客感觉舒适、自然。

一、开放式问句

在开放式问句中，一般会包含一些关键词，比如，"怎么""为什么""如何"等，这些关键词的目的是为了引导顾客按照销售员的思路来问答问题。比如，"您觉得这款产品怎么样？""您为什么要把以前的产品换掉呢？""您是如何看待我们的产品的？"销售人员通过这些不同的问法，从而引发顾客不同的回答。

销售人员在问出开放式问句之前，一定要先与顾客建立良好的关系，最好是顾客对销售人员产生了信任感后再发问，这样才不会引起顾客的反感。需要注意的是，就算销售人员与顾客之间已经建立了很亲密的信任关系，但是在使用开放式问句时，也不要对顾客进行连续发问，因为连续的"逼问"，会让顾客产生一种被"审问"的错觉，从而产生抵抗情绪。

在适当的场合下使用开放式问句，才能从顾客身上挖掘出对自己有用的信息。因此，销讲者应该避免在不当场合使用开放式问句，这样才能发挥出开放式问句的作用（见图7-3）。

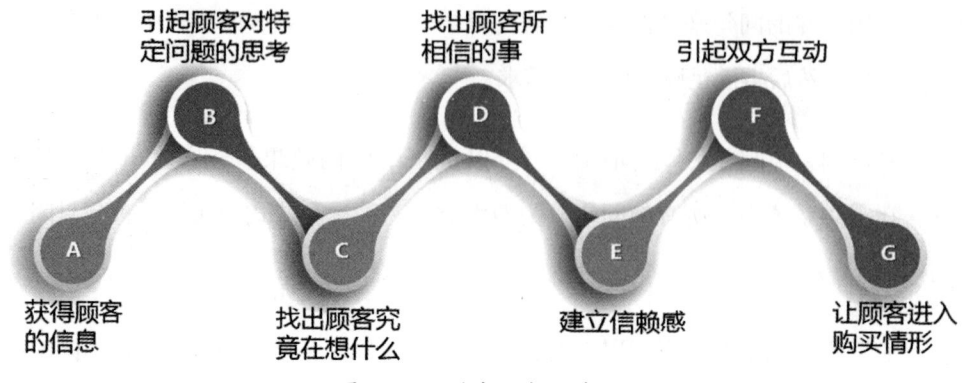

图 7-3　开放式问句的作用

❶ 获得顾客的信息

掌握顾客需求就是核心竞争力，销售人员可以通过开放式问句来获取顾客的信息，从而掌握顾客的需求，因此，开放式问句是掌握顾客需求的最好方式。

比如，"您认为一款好的产品应该具备什么样的特点呢？"这样的问句可以让顾客把自己心中好产品的特点说出来，那么销售人员就可以从顾客的语言中掌握客户的需求。因为顾客心中好产品的特点正是他们真正的需求所在。

❷ 引起顾客对特定问题的思考

因为开放式问句会让顾客根据自己的喜好来做出回答，而不是限制顾客回答的方向，所以开放式问句能引起顾客对特定问题的思考，并做出回答。

❸ 找出顾客究竟在想什么

因为开放式问句留给顾客"自由发挥"的空间很大，所以大多数顾客都会按照自己内心的真实想法来回答问题，只有极少数顾客会用含混不清的语言说法来搪塞。但是我们要知道，就算是一些含混不清的语言也能间接地表达出顾客内心真实的想法，所以，开放式问句能帮助销售人员找出顾客究竟在想什么，从而帮

第 7 章
发问系统：灵巧提问，步步深入探出顾客真心

助销售人员掌握顾客内心的需求。

❹ 找出顾客所相信的事

如果销售人员能通过开放式问句引导顾客说出内心的想法，就能找出顾客所相信的事，这样不仅能找到让顾客相信自己、相信品牌、相信产品的机会，还能使销售人员和顾客形成长期合作的关系。

❺ 建立信赖感

销售人员要想与顾客建立信赖感，首先要找出顾客所相信的事，只有这样才能有机会让客户对自己产生信赖感。因为信赖感是帮助销售人员达成销售的重要因素之一，顾客是否愿意购买产品，很大程度上取决于顾客是否相信销售人员。

❻ 引起双方互动

能引起销售人员与顾客互动的最佳方式就是开放式问句。当然并不是所有的开放式问句都能引起双方的互动，只有客户觉得"有意思"的问题才能引起双方的互动，因为"有意思"的问题才能让顾客产生回答的兴趣，否则就容易出现冷场的局面。

❼ 让顾客进入购买情形

要知道，销售人员销讲的目的就是为了让顾客产生购买的行为，而开放式问句就可以帮助销售人员达到这一目的。销售人员可以用开放式问句模拟出顾客购买产品时可以享受的服务，让顾客提前感受购买的情形，当顾客对购买情形满意时就会产生购买的欲望。

在销讲的过程中，只要销售人员能在恰当的场合使用好开放式问句，就能获

得许多意想不到的信息。需要注意的是，销售人员一定要掌握提问的节奏，这样顾客才能心情愉悦地回答问题，进而拉近销售人员与顾客的关系。

二、封闭式问句

封闭式问句是对所问的问题提出有限的选项，目的是为了引导顾客在有限的选项中做出选择。在销讲的封闭式问句中，一般只会给顾客"是"和"否"两个选择。比如，"您觉得这个品牌好不好？""您觉得这项服务行不行？""您觉得这个产品好不好？"

虽然封闭式问句没有给顾客留下"自由发挥"的空间，但只要不是咄咄逼人地频繁使用，封闭式问句也能发挥出较大的作用（见图7-4）。

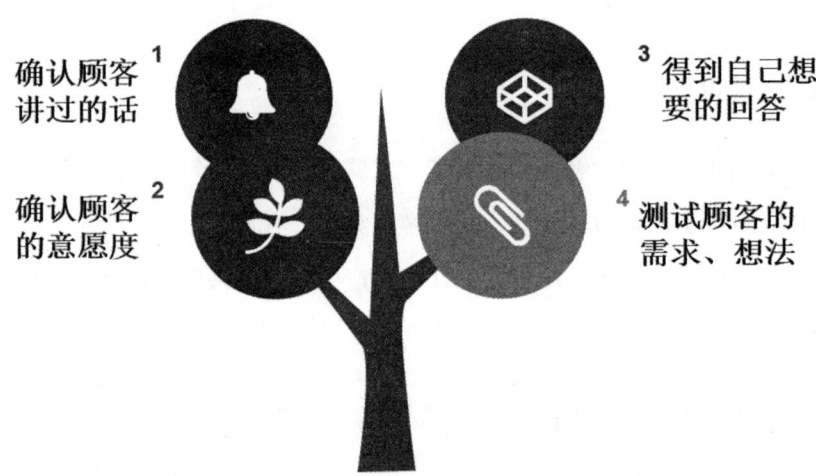

图7-4 封闭式问句的作用

❶ 确认顾客讲过的话

封闭式问句也可以像开放式问句一样，帮助销售人员确认顾客说过的话。通常情况下，当销售人员提出开放式问句后，顾客对自己的需求信息表达很模糊，此时销售人员就可以用封闭式问句来问客户"是"或"不是",这样就可以进一步了解顾客的需求。

需要注意的是,在提问的过程中,销售人员千万不要反复确认客户的话,否则会让顾客以为你没有认真听他说话,进而使顾客产生不耐烦的情绪。

❷ 确认顾客的意愿度

封闭式问句是确认顾客意愿的最佳方式。因为开放式问句留给顾客"自由发挥"的空间太大了,有些顾客的回答就会太过随意,所以销售人员很难确定顾客的意愿。而在封闭式问句中,因为顾客的选择有限,很有可能只有"愿意"和"不愿意"两个选项,所以销售人员能更好地确认顾客的意愿度。

❸ 得到自己想要的回答

销售人员通过封闭式问句同样可以得到自己想要的回答,这也是一种心理默认成交方式。销售人员通过提出的问题把顾客带到成交环境中,这样可以增加成交率。比如,销售人员问顾客:"您是买一部还是买两部?""您是现金支付还是支付宝、微信支付?""您是办理初级套餐还是高级套餐?"

❹ 测试顾客的需求、想法

封闭式问句还可以帮助销售人员测试顾客的需求和想法。比如,可以用来测试客户是否有购买的想法,是否有某方面的需求,是否对品牌有好感等。需要注意的是,销售人员在测试的时候,千万不要有意打听顾客的隐私,否则容易引起顾客的反感。

在销讲的发问系统中,"问"是销售人员向顾客介绍产品的机会和方法,同时也是销售人员了解顾客需求的重要手段之一。需要注意的是,销售人员在问问题的时候,最好把问题涉及的范围逐渐缩小。换句话说,就是销售人员可以先以开放式问句为主,然后等顾客产生一定的信任感后,再适时用封闭式问句来获得更准确的信息。

7.3 如何问出顾客的渴望

发问不仅是挖掘顾客渴望的关键,而且是销售人员引导顾客购买的前提。销售人员通过不断地发问来问出顾客的需求信息,然后把这些信息进行收集整理,最后就可以问出顾客的渴望,从而让顾客了解他们内心真正渴望的产品。那么销售人员要怎么问才能问出顾客的渴望呢?这就需要经过以下三个步骤才能达到最终的目的(见图7-5)。

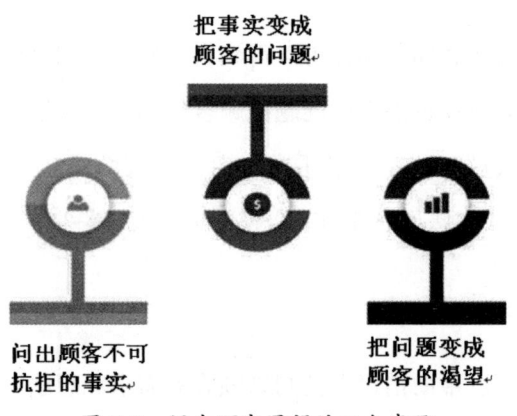

图7-5 问出顾客渴望的三个步骤

一、问出顾客不可抗拒的事实

想要问出顾客的渴望,首先就要问出顾客不可抗拒的事实。因为顾客认为,销售人员之所以接近他们是为了他们口袋的钱,因此顾客从一开始都对销售人员有所防备。如果销售人员一开始就提出问题,那么只会使顾客加强心理防备,

第 7 章
发问系统：灵巧提问，步步深入探出顾客真心

从而出现顾客与销售人员"唱反调"的局面。如果销售人员能从问题的事实入手，问出顾客不可抗拒的事实，那么就能迅速拉近顾客与销售人员的关系，从而使双方保持良好的沟通状态。那么，什么样的问题是顾客不可抗拒的事实呢？比如：

现在子女的教育问题已经成为我们家长最关注的问题了，您说是吧？

在整个家庭中，您承担的责任一定是最多的，是吧？

谁都愿意接触更多优秀的人，扩展自己的人脉，对吧？

您一定认为健康与美丽同样重要，是吧？

二、把事实变成顾客的问题

当销售人员问出顾客不可抗拒的事实后，就要试着把这些事实变成顾客问题，因为建立在事实基础上的问题正好就是顾客急需解决的问题。如果销售人员能提出以事实作为依据的问题，那么就能引起顾客的共鸣，从而使顾客产生认同感。同时，顾客也会解除戒备，与销售人员在轻松的环境中沟通。

销讲场景　　如果顾客是一名创业者、是一名领导者或是一名刚刚晋升的部门主管，那么他们的事实就是"领导者需要站在舞台上演讲"，而销售人员就可以根据这个事实来提出问题。比如：

您平时是如何激励团队士气的？

您有没有出现过这样的情况：想说的内容很多，可是却又不知道该从哪里说起？

您在开会的时候有没有出现这样的情况：您在上面讲，下面的人要么是听不进去，要么是昏昏欲睡？

> 您站在舞台上的时候有没有出现头脑一片空白，肚子里有东西却讲不出来的情况？

以上这些问题都是大多数领导者会遇到的问题，问题中的"有没有"就属于封闭式问句。当顾客回答"有"的时候，事实就成功地转变成了顾客问题。当然，有些防备心理特别严重的顾客也会回答"没有"，此时，销售人员就可以用开放式问句来问顾客"如何做"。

如果顾客的回答依旧很模糊，那么就说明销售人员的机会来了；如果顾客的回答比较细致，那么销售人员就可以找出回答的不足之处进行补充。要知道"人无完人"，几乎很少有人能把"如何做"这类问题回答得很完美，当顾客的回答出现缺陷的时候，就是销售人员找出问题的机会。

销售的过程其实就是"帮顾客解决问题"的过程，把事实变成顾客的问题也是帮顾客找出问题。只有先找出问题，销售人员才能为顾客解决问题。

三、把问题变成顾客的渴望

当销售人员找出顾客的问题之后，就要通过产品来帮助顾客解决问题，其实也就是洞察顾客购买产品的渴望。因为所有销售的最终目的都是为了达成交易，当顾客在交易之前对产品产生了一定的渴望后，就能顺利达成交易了，这也是顾客购买产品的主要原因。要知道，顾客的渴望其实就是迫切希望解决自己的问题，因此，用问题的积累来引发顾客的渴望，就可以达到快速交易的目的。

虽然购买的决定权在顾客的手上，但是销售人员却可以通过问题来引导顾客做决定。所以，销售人员一定要先设计好自己问问题的方式以及所问的问题，这样才能在"问"的过程中洞察顾客的真实需求，问出顾客的渴望，使顾客在渴望的促使下做出购买的行为。

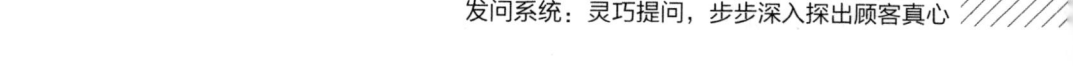

7.4 如何用发问把产品塑造到无价

如何用发问把产品塑造到无价？我们在实现满足顾客渴望这一目标后，接下来就应该要思考这个问题。我之所会这么说，是因为在顾客的心里，他们所渴望买到的商品应该是具有较高的性价比的。虽说"一分钱一分货"，但是没有人不希望"用最少的钱，买到最有价值产品"。因此，如果我们在销讲的过程中，能让顾客感受到产品的无价，那么他们不管花多高的价钱，都会觉得是值得的。而最好的把产品塑造到无价的方式就是发问。

事实上，要想将产品塑造到无价并非那么困难，只要在销讲的过程中了解并激发顾客心中对产品的渴望和需求就好。通常我们可以向顾客讲述使用产品后可以获得的好处，并向顾客发问："你想要吗？"我相信只要顾客了解到使用产品的好处，必然会回答"想要"的。

我常常会对那些犹豫要不要上我的课程的人说："如果你能学会销讲，那么你的员工会更加积极主动地工作，也会对你和公司更忠诚，你想要吗？""如果你能学会销讲，那么你公司迅速提升业绩就是轻而易举的事情，你想要吗？"对于其他产品而言也是如此，我想，没有哪个顾客会在面对产品带来的好处时说"不想要"吧。

所以，只有在顾客心中塑造出产品的价值，而且是顾客渴望得到的价值，那么说服他们回答"想要"便是轻而易举的事情，这样还会愁顾客不想买我们的产品吗？

销讲场景 我有一位学员名叫李丽，她是一家以印度尼西亚燕窝为主打产品的公司的销售员。李丽是一名非常优秀的销售人员，几乎月月是公司的销售冠军。为什么李丽总是能成功地说服顾客购买她销售的燕窝呢？其根本原因是她能很好地塑造出燕窝的"无价感"。

"女士，我们的燕窝是产于印度尼西亚的，百分之百无任何添加，我们的燕窝都配有权威机构出具的质量报告……"

"先生，我们的燕窝不仅增强抵抗力，还能美容养颜……如果您的太太长期服用，一定会变得更加年轻美丽……"

……

就这样，李丽一次又一次地成功销售出了自己的产品。

很多人都将燕窝当作是普通保健品、补品，而李丽却将健康、美丽赋予到燕窝的身上，这其实就是运用到了销讲，塑造出了燕窝的价值，而且是能打动顾客的价值。要知道，补品有价，而健康和美丽是无价的，李丽正是将燕窝能带来的健康、美丽的无价塑造出来，从而赢得了顾客。

那么，我们应该怎样来塑造产品的价值呢？这对很多企业来说都是一个难题。在今天的经济大环境下，产品同质化的现象日益严重，哪怕是刚刚面世不久的新产品，在销售一段时间后也会出现一批模仿者。如果企业想要在市场竞争中取得一席之地，就要塑造产品和品牌的独特价值，也就是我们前面所讲的"把产品塑造到无价"。

我们在销讲的过程中，可以从四个方面来塑造产品的价值（见图7-6）。

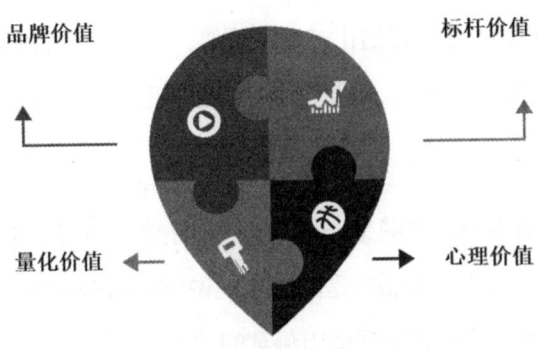

图7-6 塑造产品价值的四个方面

第 7 章
发问系统：灵巧提问，步步深入探出顾客真心

一、品牌价值

品牌价值是区别我们的品牌与其他同类产品品牌的重要标志。只有塑造了自己品牌的价值，我们的产品才能在众多同类品牌产品中脱颖而出。品牌价值也是顾客识别和认可我们产品的重要标识。品牌价值主要包括以下两个方面（见图 7-7）。

图 7-7　品牌价值包含的两个方面

说到品牌价值，我不由得想到了"可口可乐"。想必"可口可乐之父"罗伯特·伍德鲁夫曾经说过的一句话很多人都听过，他说："即使全世界的可口可乐工厂在一夜间被烧毁，他也可以在第二天重建所有的工厂。"到底是什么让罗伯特·伍德鲁夫如此自信呢？当然是"可口可乐"的品牌价值。

2016年，可口可乐公司在全球100大最有价值品牌中排名第三。可口可乐公司从来不会放过任何一个能提升自己品牌价值的机会。可口可乐公司会在每一届奥运会做赞助商；可口可乐公司从来没有放弃过做公益，自1993进入中国市场以来，一直不间断地赞助中国的"希望工程"……

可口可乐之所以能有现在的品牌价值，离不开它对每一个塑造品牌价值机会的把握，对于可口可乐来说，其品牌价值才是屹立不倒的根本，也是罗伯特·伍德鲁夫敢夸下海口的原因。可以说，只要可口可乐的品牌价值一直存在，那么，即使其工厂在一夜间被烧毁，可口可乐也能在一夜之间恢复如初。

无论做什么产品，要想塑造价值，首先要塑造品牌价值。唯有屹立在市场中、消费者心中的品牌价值不倒，其产品价值才更容易打动顾客，销讲才更容易成功。

二、标杆价值

所谓的标杆价值，是将自己的产品和公司打造成为行业的标杆，也就是说，让自己的产品和公司在行业内具有某些方面突出的优势，即打造自己的核心竞争力，做到他人没有的我有，他人有的我做得更好。

三、量化价值

将公司的品牌价值以及产品的特征优势以具体的形式量化，量化后所得出的结果即其量化价值。很多时候，量化价值不仅能使我们明确自己公司产品的市场地位以及影响力，同时更能帮助我们明确自身的市场价值。

四、心理价值

心理价值的规律是由中国经济心理学基础理论的创建者吕先铭研究并定义的。所谓心理价值是指"市场经济体系的核心驱动力，决定产品及产品价格的产生和变化。心理价值积累导致供求双方动机的产生和转化，继而导致供求行为的产生，并最终决定供求关系的量变和质变"。

事实上，心理价值是无处不在的，可以说我们所处的商业社会就是一个"心理价值互换的社会"。我们可以将心理价值运用到我们的销讲中，也就是说，如果我们能在塑造产品价值时，使我们的产品在顾客心中产生较高的心理价值，那么顾客就会对我们的产品产生更多的好感，对产品的需求也会提高。所以，在塑造价值时，心理价值也是非常重要的一项内容，提高心理价值，就能提高顾客对产品和品牌的认同和需求量，从而提高产品的销量。

总而言之，在以顾客为导向的市场中，唯有塑造强有力的价值，才能把握住市场，才能引导客户向自己涌来，才能成功地将我们的产品销售出去，进而创造更大的企业价值。

第 8 章
互动系统：
杀伤力最强的互动技巧，引爆现场气氛

在销讲过程中，互动环节必不可少，除了游戏互动、体验互动、咨询互动、问答互动以外，语言沟通、眼神交流和肢体动作都可以作为与客户互动的手段。销讲者必须掌握互动技巧，把握互动时机，让互动引爆气氛，在与客户的互动中推动成交。

8.1 游戏互动：拉近与客户之间的距离

促成销讲成功的因素有很多种，而我今天着重要讲的内容是销讲中的互动环节。我们知道，许多企业很注重企业文化、产品简介等宣讲式的培训，总是单方面地希望得到客户的关注，可这样的方式并不被大多数客户所接受，他们会因为培训过程的枯燥乏味，而无心关注到企业和商品上。

如果我们在这个过程中，加入互动的环节，让客户参与到各个互动环节中来，是不是更能调动客户的参与性和积极性呢？

答案是必然的，互动环节确实能拉近我们与客户之间的距离，让我们能尽快地和客户熟络起来，整个快销过程的氛围也会随之升温。通过互动，客户与我们不再陌生，开始变得亲密、友善起来，并逐步建立了彼此之间的信任感。

在这个环节中，我们可以及时发现客户存在的疑虑和问题，及时做出销售策略的更改，"对症下药"。所以，互动环节的有效运用，不仅拉近了与客户间的距离，对于销售也是极为有利的。而我认为，在众多互动环节中，最为行之有效的便是"做游戏"（见图8-1）。

第 8 章
互动系统：杀伤力最强的互动技巧，引爆现场气氛

图 8-1　游戏互动带来的好处

一、用游戏打破僵局

游戏的能量是无穷大的，所以不要低估了一些小游戏的存在价值。在销讲的过程中，一些看似简单的小游戏，不仅能制造一些欢声笑语，活跃现场气氛，而且能迅速拉近我们与客户之间的距离，让彼此之间不再陌生。

> **销讲场景**
>
> 有一次，张辰和朋友约好去参加一个高端数码产品的发布会，可朋友因为临时有事来不了，张辰便独自一个人去了会场。看着会场上这陌生的一群人，张辰觉得既无趣又尴尬，正准备转身离开的时候，主持人突然说话了，说要现场玩个小游戏热场。张辰有些好奇，便决定留下来先看看再说。
>
> 这个小游戏是超级大头贴，方法如下：
>
> 先分成红蓝两队，然后两队各派出一名队员面对面坐着。
>
> 主持人将问题的答案分别贴在两组队员的头上，当主持人说开始时，两人通过互相问对方问题，猜自己头上的答案是什么，而且只能问是非题。
>
> 每组有 1 分钟的时间进行提问，规定时间内答不出来或者提前答出来的，就换下一名队员。

> 在最后半小时内,以答题多少分输赢,答题少的那个队当然要受到惩罚。
>
> 张辰觉得很有趣,并有幸排在前面参与了这个小游戏。张辰在这个游戏过程中,完全忘记了来时的陌生、孤单和无聊,慢慢地融入到这个愉快的游戏氛围中,甚至还结交了好几个话语投机的队友。通过这个小游戏,所有人不再是冷漠地坐在台下,听主持人一个人讲,而是积极地参与进来,让整个活动气氛空前高涨,这也为接下来的产品介绍与销售奠定了有利的基础。

在游戏的中,我们一起欢笑、一起努力、一起为了赢得比赛而团结一致。在这种欢乐的氛围里,我们不再陌生、不再尴尬、不再觉得自己是孤单的一个人,人与人之间因此而变得亲密无间,这便是游戏所带来的力量。

二、用游戏打破隔阂

在销讲会现场,很多人互相都不认识,对于不认识的人,人们的潜意识里会有一种害怕、紧张和防备心理,在陌生的环境中对身边的人与事物保持着警惕,不敢与别人接触,不许别人轻易靠近自己。

而这种本能的自我保护意识,就像是一层无形的"防护罩",隔开了客户与我们之间的距离。我们要讲什么内容,做什么样的活动,有什么样的产品都无法流畅地传递到客户的心里,这给我们的销售无形中增加了太多的阻碍。

那么我们要怎么才能摘掉这层防护罩,轻松走到客户跟前呢?

很简单,运用上面所讲的小游戏环节来增加互动性。在设置小游戏的环节中,可以是听众与我们互动,也可以是听众之间的互动,不管是听众与谁互动,其目的都是为了让听众参与到互动环节中来,并从中得到游戏带来的欢乐。

第8章
互动系统：杀伤力最强的互动技巧，引爆现场气氛

我们知道，销讲会不是朋友聚会，大多数人都是独自一人，或两两为伴，大家因彼此不熟而觉得陌生。但在游戏的过程中，不仅可以增进人与人之间的情感和交流，甚至还可以发展成亲密无间的朋友。因为游戏让听众与听众成为搭档，也成为了同一战线的盟友，他们慢慢熟络起来后，便会坐在一起玩闹或者聊天。

这就是游戏存在的价值，它让听众不再对陌生的环境和人产生恐惧和芥蒂，而是参与进来，从中感受到和谐与亲切，并心甘情愿地卸下"防护罩"，愿意与我们融为一体。

三、经典小游戏的推荐

既然游戏在销讲中产生的力量如此之大，那我就推荐几个简单易行、人人都能够参与的小游戏，供大家参考（见图8-2）。

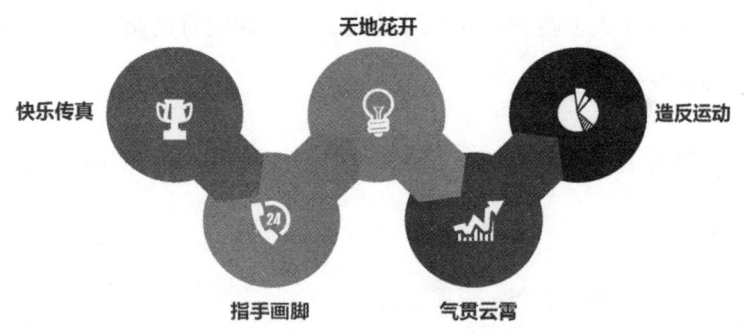

图8-2　五种经典小游戏

❶ 快乐传真

游戏方法：

（1）先进行分组，每组4~5人；

（2）五个人依次站成一排，每个人只看到前面一个人后脑勺；

（3）第一个人拿到主持人给的纸条后，按规定在 15 秒内表演给下一个人看，表演的时候只能有肢体动作，不能发出声音；

（4）直到最后一个人，能正确说出答案，就算赢；

（5）每组轮流进行游戏。

道具：打印题目的纸或板。

❷ 天地花开

游戏方法：

（1）场地中放置若干个红黄蓝三种颜色、同等数量的小汽球，再在天花板上放三个红黄蓝大汽球，把现场听众大致分成红黄蓝三组；

（2）每组先派 1 人上台进行踩汽球比赛，谁先踩完自己队的汽球，谁就可以先戴上扎汽球的发夹；

（3）戴上发夹的人马上去扎天花板上自己队的汽球，谁先扎破，谁代表的队就赢了。

道具：红黄蓝汽球若干个、彩屑、发夹。

❸ 造反运动

游戏方法：

（1）大概 10~12 人左右，围成一个圈，主持人站中间；

（2）主持人说"上"，所有人的头要低下，当主持人说"下"，所有人的头应该抬起，总之，主持人做出的口令，参与游戏的人要做出相反的动作。

第8章
互动系统：杀伤力最强的互动技巧，引爆现场气氛

（3）实行淘汰制，谁做错了，谁就出局；

（4）剩到最后的人就是赢家。

提示：不一定用转头的方式，也可以用手进行比画。

❹ 指手画脚

游戏方法：

（1）两个人面对面站着，让其中一个人看到题目后进行比画，另一个人猜；

（2）在规定时间内，哪个组猜得最多，哪个组就获胜。

道具：打印题目的纸或板。

❺ 气贯云霄

游戏方法：

（1）每组3人，每次2组。站在线外，先进行吹汽球比赛，并系好绳；

（2）每吹完一个汽球就拴上小插棍，然后跑到对面的泡沫板将汽球插上；

（3）每组3人轮流进行，哪个组先插满15个，哪个组就胜出。

道具：汽球若干、绳子若干、插棍若干、泡沫板一块。

除了以上介绍的几种经典小游戏以外，还有很多种游戏的玩法，大家在平时的生活和工作中可以多积累好的游戏，也可以在经典游戏的基础上做一些变化。我们可以建立属于自己的游戏库，把它们按玩法和效果分门别类，这样一来，在准备销讲时，就可以信手拈来了。

总而言之，做游戏是拉近与客户距离、烘托现场气氛的最佳方法，我们一定要学会运用它。

8.2 体验互动：让客户了解产品，聆听客户心声

体验是什么？我的答案是亲身经历，实地领会。那么，企业组织客户体验又是什么呢？就是企业以服务为舞台、以商品为道具，组织客户在购买之前抢先享受商品的价值以及企业的服务。

但我觉得这个回答并不深刻，企业真正想要收获的是客户体验后的一系列心理过程，也就是商品和服务带给客户怎样的感受，是舒适、赞叹，还是回味？其目的就是让客户在体验后真正认可商品及企业的价值。

在客户体验环节，我们要充分调动客户的感性因素和理性因素，刺激客户的感官、情感、思考、行动和联想等因素，时刻关注客户体验后的感受。同时，我们还要学会察言观色，不要总是急于表达自己的想法，而是学会倾听，站在对方的角度思考。

特别是在销售中，如果我们与客户交流的时候，只顾自己表达，而不愿为客户考虑，更不清楚客户内心的需求和感受，那么客户根本不会理睬我们，甚至还会觉得我们很讨厌。这样一来，彼此之间的沟通就根本无法继续下去。

每个人都希望得到别人的关注，客户也是一样，所以客户在体验的过程中，我们要多观察、多聆听，并站在客户的立场上考虑，进行恰当的引导，这样客户才会从心底接受和认可我们。

下面，我就给大家分享一个经典的会销小故事——闻香识酒。

第8章
互动系统：杀伤力最强的互动技巧，引爆现场气氛

> **销讲场景**
>
> 1915年，举世闻名的国际巴拿马博览会如约举行，来自世界各地的展品数不胜数、琳琅满目。每件展品都经过精心挑选、精美无比，放在聚光灯下更是显得璀璨夺目。
>
> 可是，中国的茅台酒却摆放在一个毫不起眼的阴暗角落里，根本无法引起别人的注意，甚至还因简单的包装而遭到一些人的取笑。中国代表当然心里很不舒服，觉得如此珍贵的好产品，却得不到国际的认可。
>
> 于是他突然想出一个办法，将茅台酒摔到了场地中央，这一举动马上吸引到许多国际友人的关注。一股酒香挥发到空气中，瞬间香气扑鼻，人们陶醉在这股香气之中，顿时对中国的茅台酒赞不绝口。从那天之后，茅台酒不仅得到了国际的认可，而且在世界上享誉盛名。

从上面这个小故事，我们可以看出，如果不是那位中国代表将茅台酒摔碎，国际友人会感受到它的香醇美味吗？当然是不能的，这就是体验的重要性，只有体验才能让客户真正了解到产品的最终价值，而不是靠华丽的外表来决定。

中国代表之所以能想到这个好办法，就是因为他通过细致观察、仔细聆听，发现包装精美的产品容易吸引人，而包装不起眼的茅台酒根本无人问津，甚至还听到一些人的嘲笑。于是他改变策略，通过"体验"这种方式，在恰当的时机做出了这个举动，由此将人们的注意力吸引到了茅台酒的内涵和品质上。

在销讲现场，人们最初对产品是一无所知的，所以很愿意去亲身体验。这个环节也是最受客户欢迎的环节，因为在体验的过程中，客户能更深刻地了解产品。

比如，有些客户只是随便看看，并没有想买的意愿，但是通过体验后，发现产品确实不错，于是就心甘情愿地掏腰包购买。当然，客户体验环节的神奇也是建立在好品质的产品之上，产品品质不好，体验就毫无价值可言。

在体验的过程中总会有沟通，这个时候，我们要记住不能光顾着自己讲，而

是多听客户想要表达什么。我们只有知道了客户的感受和需求，才算真正了解到客户，继而想办法打消客户的疑虑，解决客户的问题，最后达成交易。

总之，在体验互动环节中，我们应该多问、多听、多引导（见图8-3），这样才能让客户多了解产品，我们才能更好地聆听客户心声。

图8-3　聆听客户心声的三种方法

一、多问

我们经常碰到这样一类销售人员，总是滔滔不绝地向客户讲述自己的产品和企业多么棒，讲得也不差，可客户却不为所动，毫不领情。为什么会出现这种情况呢？就是因为他并不了解客户的真正需求是什么，只是一味地表达自己想说的，但这样只会把客户推得更远。

销售的关键点是什么？就是客户的感受和需求。我们想要了解到这些信息，就必须有意识、有策略地对客户进行引导式发问，让客户的真实需求都呈现出来，这样我们才会及时发现问题并给出解决方案，最后有针对性地激发客户购买的热情，达成交易。

二、多听

一说到销售者，很多人对他们的印象就是嘴皮子特溜、能说会道，好像是只

第 8 章
互动系统：杀伤力最强的互动技巧，引爆现场气氛

要你能说会道，销售这份工作就一定能做好。其实，事实并非如此，很多时候我们说得越多，客户越反感。反感的原因就在于说的那些话，对客户来说都是一些废话，只会浪费彼此的时间。

这个时候，我们应该做一个倾听者，多听客户说，让客户表达他们内心的感受和想法，这样我们才能真正了解客户的需求。同时，客户在讲的过程中，也会有一种被重视、被关心的感觉。

总之，多聆听客户的需求，并给出自己诚恳的关心和意见，这样我们才能被客户接受。

三、多引导

人的心理总是很奇妙，往往会将白纸上的一个小黑点无限放大。为什么会这样呢？因为人的想象力特别丰富，总喜欢延伸出更多的层面，同时也容易受到周围人的影响而改变自己的想法。同样，在销讲时我们也会碰到这种情况：当一个客户对我们的产品不满意时，就会带动其他人也跟着认为我们的产品不好，这种负面引导甚至会把整个活动会场弄砸。

其实，遇到这种情况并不是无计可施，只要我们学会适时引导，不要让客户的负面情绪占主导，在体验的环节中，把客户往产品的品质上面引导，这样客户就会真心认可我们的产品。

当客户在静心体验的过程中，是非常不希望被外界打扰的，这个时候，我们一定要管住自己的嘴，不要过多地去干涉客户的体验效果，除非客户主动要求帮助。让客户凭着自己的体验效果做出购买的选择，这个时候，我们的服务态度也起着关键性的作用，多聆听客户体验后的感受和需求，并及时给予回应和解答。

8.3 咨询互动：解答客户疑问，调动好奇心

我们所说的销讲互动实际上就是让顾客从"被动式接受"转变为"主动享受"的一个重要过程。在这个过程中，我们不可避免地会遇到客户咨询这个环节，如何在这个环节让客户主动参与互动，并对产品感兴趣呢？这就需要通过咨询互动来调动客户的好奇心。

在我看来兴趣是一种动力，无论我们做什么事情，如果对这件事极为感兴趣，我们就一定会心甘情愿地去做。同样，让客户对产品和企业感兴趣，他才会有继续关注和了解的动力。

所以，在销讲过程中，我们一定要学会激发客户的好奇心，这样才能让客户主动参与并接受我们。我觉得激发客户最好的时机就是咨询互动环节，通过这个环节我们可以深入了解客户的内心需求是什么。

如何才能解答客户的疑虑，调动客户的好奇心呢？我们可以通过以下几个小案例进行分析解答（见图8-4）。

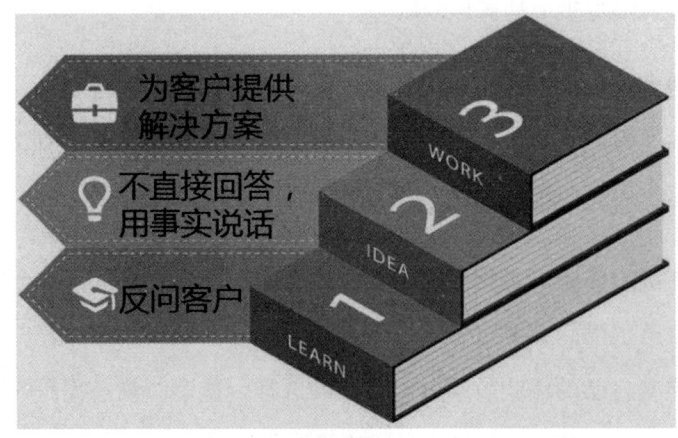

图8-4 调动客户好奇心的方法

第 8 章
互动系统：杀伤力最强的互动技巧，引爆现场气氛

一、反问客户

在咨询互动的环节中，不能只让客户提问，在适当的时机，我们还要学会反问客户。这样不仅可以增加与客户的沟通时长，还会激发客户的好奇心。

> **销讲场景**
>
> 在一个关于洗衣片的会销中，当销讲师把产品介绍完之后，就对台下的听众说："关于产品的介绍我已经讲完了，大家有不明白的地方，都可以问我。"
>
> 这时，一位中年妇女站起来说："刚才听到您讲得这么神奇，真的只需一个盆泡一泡就把衣服洗干净了吗？"
>
> 这位妇女刚一说完，所有人都将目光聚集在销讲师的身上，看来现场的听众都对这个问题非常关心，并期待答案尽快出现。销讲师马上意识到这一点，他觉得这是个说服客户的好机会。
>
> 但他并没有马上回答这个问题，而是稍稍整理了一下思路，反问台下的听众："我相信在场的很多人都是用洗衣粉、洗衣液或者肥皂洗衣服，而且许多顽固性污渍搓洗数次也根本无法清除，难道我用水泡一泡，就将衣服洗干净，你们相信吗？"
>
> 这时候，不仅是刚才提问的那位中年妇女，还有台下的听众，都在大喊："我不相信！"
>
> 销讲师并不着急，而是示意大家安静下来，然后把众人的目光引到一台仪器上面，说："如果大家不相信的话，我们可以让仪器说话。"
>
> "这是台什么仪器？它能怎么证明？"听众纷纷感到好奇。

以上这个案例，我们可以看到，销讲师并没有正面回答客户的问题，而是通过反问的方式激发了客户的好奇心。在好奇心的作用下，客户对产品更加感兴趣，从而想尽快从销讲师的口中了解到产品所带来的奇效。

二、不直接回答，用事实说话

用客户的好奇心作为切入点，进一步植入产品，加深客户的印象，往往可以起到非常好的效果。因为和语言相比，事实更有说服力。所以，面对客户的问题，我们可以不直接回答，把事实摆在他们面前，让他们亲眼看到事实的真相。

这里所说的事实，包括数据、图片、使用感言和产品效果展示等，用事实来解答客户疑问，是最具有说服力的。下面，我们就来看看上文例子中的销讲师接下来是怎么做的吧！

> **销讲场景**
>
> 面对客户的疑问，销讲师并没有急于回答，而是在现场找了四个客户，让他们分别用清水、洗衣粉、洗衣液和肥皂等四种方式对衣物进行清洗。当他们洗完衣物之后，销讲师将手中的仪器放在他们洗过的衣服上轻轻一扫，每一件衣服在仪器的大屏幕上都出现了不同程度的小黑点。
>
> 销讲师笑着解释道："我们现在看到的这些小黑点就是通过这个仪器测出来的结果，而这些小黑点其实就是隐藏在衣物里的细菌和污垢。通过刚才四位听众的展示，即使我们自认为洗得已经很干净了，但是还会有脏物潜伏在衣服里面，特别是婴幼儿，穿上这样的衣服，更是对身体的莫大伤害。"
>
> 销讲师看着大家急切的目光，接着说："洗衣粉的效果最好，但是不仅伤手，还伤衣物，这并不是一个好的选择。而洗衣液和肥皂虽然温和一些，可洁净度又达不到，所以无论选用其中哪一种，都无法将衣服彻底清洁干净。"

销讲师并没有直接告诉客户，而是通过检测衣物清洁度的仪器，让客户知道这些产品其实都存在弊端，并不能彻底清洁衣物。下面，我们再来看看这位销讲师为了进一步引起客户的好奇心，是怎么做的吧。

三、为客户提供解决方案

面对客户的好奇和疑问，我们总要给出解决方案，有了解决方案，客户才会对我们的产品真正信服，并愿意去尝试。

销讲场景

"那怎么才能洗干净呢？""难道还有别的产品可以替代吗？"面对这些疑问，这位销讲师不慌不忙地拿出一块小小的洗衣片放入装满水的盆中，然后将衣服放到盆里泡一泡，几乎不用任何搓洗。泡了一会儿后，销讲师将洗好的衣服拿到仪器上一检测，屏幕上的小黑点几乎所剩无几。

销讲师很自信地拿起洗衣片说："这款产品效果是不是比我们平常用的洗衣粉、洗衣液和肥皂要好很多呢？为什么这款产品如此之好，它的优势有哪些呢？请听我娓娓道来……"

最后，这款产品销量非常好，很快就被哄抢一空。

以上就是通过客户咨询并激发客户好奇心，最后完成交易的成功案例。所以，我们在遇到客户咨询的时候，一定要利用客户感兴趣的问题来激发他们的好奇心。比如，可以用令客户好奇的话语激发，也可以用上述案例所讲的仪器来进一步强化这种好奇心。

总之，好奇心是人们的天性，可以驱使我们行为的改变。同理，我们也要牢牢抓住客户的好奇心，让客户对我们的产品产生好奇，并愿意继续了解下去，这样才能增加成功的可能性。在销讲过程中，客户的咨询环节在整个互动活动中起着举足轻重的作用，我们只有通过与客户的互动和交流，才能最终引导客户促成交易。

8.4 有奖问答互动：聚焦关注，探知真心

很多销讲活动都设置有奖问答环节，我认为这是一个非常有用而且很关键的环节。通过有奖问答，我们不仅可以炒热现场气氛，还可以聚焦客户的关注，并且从中探知客户内心的真实想法。

在我的销讲课程中，我很喜欢用这个环节来与台下的客户和观众进行有奖问答互动。适当地进行奖励，可以提高客户的积极性，因为有奖问答的实质就是为了达到某种效果而对客户进行推动和奖励的活动。

有奖问答活动最大的特点就是迅速引起人们的关注。所以，我们在销讲的过程中，适当地运用有奖问答，起到的效果非常好，不仅能让大众喜欢，还能激起客户的参与热情。

尤其是一些组织奖的设置，更是有力地扩大了关注此活动的人群，并对活动的顺利开展起到了促进的作用。那么，这个活动如此有感染力，我们应该怎么发挥它的作用呢？这就需要我们利用这个活动为契机，多了解客户的信息，并有针对性地选择一些题目进行提问。

一、问答应围绕着产品和公司展开

奖品总是会吸引人们的注意力，所以在活动中设置有奖问答，也是最容易被人们所接受的。我们在设置有奖问答的时候，不能只顾着活跃现场气氛，更要注重产品通过有奖问答是否起到宣传和推广作用。

要注意的是，设置的问题尽量多样化，有简单的也有复杂点的，同时还可以设置一些开放性问题，总之问题不要太偏离产品本身就行。通过这样的有奖问答活动，我们才能对客户有更深入的了解，并做出相应的客户层次划分。

第 8 章
互动系统：杀伤力最强的互动技巧，引爆现场气氛

> **销讲场景**
>
> 2018 年 9 月 27 日，微星在上海举行了"万众一星·势赢天下"新品发布会，一共发布了 6 个系列的新显卡。
>
> 一开始，主办方为了感谢大家的支持，宣布在会议结束前会进行有奖问答环节，所以在整个新产品发布会的过程中，人们都在聚精会神地听，希望在这个环节能为自己赢取奖励。
>
> 在有奖问答环节，主办方就公司背景和新产品设置了一些问题，比如公司成立于哪一年？有过那些骄人的成就？哪款产品最经典？更中意哪一款新产品，并说说喜欢的原因等。
>
> 这些问题多种多样，有难有易，大家踊跃发言，还针对一些开放性问题各抒己见，现场气氛空前高涨，来宾们不仅通过回答问题了解到产品本身，而且还领到通过自己努力获取的小礼品，一举两得，非常开心。而主办方更是通过这个环节，不仅活跃了现场气氛，而且取得了不错的宣传效果。

从这个发布会我们可以看出，问答环节紧紧围绕着新产品和公司展开，并有针对性地进行提问，不仅让来宾对公司和新产品有了一定的了解和认知，还从中获取了他们宝贵的意见，为接下来的新产品推广和以后的改进起到了非常关键的作用。

总之，我们要满足客户的需求，就要了解他们的想法，通过有奖问答环节的互动虽然可以起到一定的作用。但需要注意的是，在互动的每个环节中，我们也应该做好相关策划，这样才能取得事半功倍的效果。

二、问题设置的三大原则

做有奖问答时，我们要注意遵循以下三个原则（见图 8-5）。

图 8-5 问题设置的三个原则

❶ 问客户关心的

到了有奖问答环节，客户对产品的情况已经比较了解，但是有几个客户比较关心的重点问题，我们还需要在这个环节进行再次强调。一般来说，客户比较关心产品的价格、优惠政策、质量和售后等问题。

我们可以从这几个方面来设置问题，比如，产品的现场成交价格是多少？说出产品的某个主要功能？产品的名称是什么？今天的优惠政策是什么？

❷ 问客户容易记住的

销讲活动的目的除了销售产品，还要宣传企业或推广品牌，作为销讲者，我们希望来现场听演讲的顾客们能够记住我们的品牌理念、企业文化和产品信息。所以，我们可以通过有奖问答来让顾客加深印象。

比如，我们可以问顾客：企业成立于哪一年？品牌的理念是什么？企业或品牌旗下还有那些产品？

❸ 问客户的需求

前面我们一直在强调了解客户的需求很重要，所以在这个环节中，我们可以

第 8 章
互动系统：杀伤力最强的互动技巧，引爆现场气氛

问客户对产品的印象、参加活动的感受，或者对产品有哪些疑虑或看法等。通过这些回答，我们再来进行细分和整合相关意见、喜爱程度，并对产品做出相应的调整和改进。

当然，也有一些人不太重视有奖问答的环节，觉得这个环节的出现，只是为了活跃现场气氛而已，我不赞同这种说法。因为在销讲中，这个环节的设置非常重要，它不仅把活动气氛引向高潮，让我们与客户之间容易沟通、建立信任感，而且还能通过问答让客户了解到我们的产品和企业，从而起到推广宣传的作用。

总之，通过有奖问答，聚焦客户关注、探知客户真心、了解客户需求，并根据客户的需求提供让其满意的产品，将不再是一件难事。

8.5 销讲互动的十大技巧

在前面几节内容中，我们已经学习了销讲过程中的几个互动环节知识，它们都是销讲者活跃现场气氛和引导客户的关键。那么，除了前面学到的几个互动环节之外，其他的时间间隙是否就不需要销讲者和听众互动呢？

答案肯定是否定的，因为销讲者和听众互动是整个销讲过程中一个十分必要的行为，如果销讲者不与听众互动，在台上自说自话，那么台下的听众自然缺乏积极性与参与度，就会分散注意力，这样销讲的效果也就不显著了。

所以，销讲者一定要保持节奏感地与听众互动，充分运用互动的各种技巧，以此吸引听众的注意力，让听众的思路跟上销讲者的演说节奏。

在这里，我通过总结自己以往做销讲的经验，得出了十大互动技巧，将这

十大技巧划分为三类，它们分别是：语言类技巧、道具类技巧和活动类技巧（见图 8-6）。

图 8-6　互动技巧三大类

一、语言类技巧

将语言类技巧进行划分，又可得出以下四种技巧（见图 8-7）。

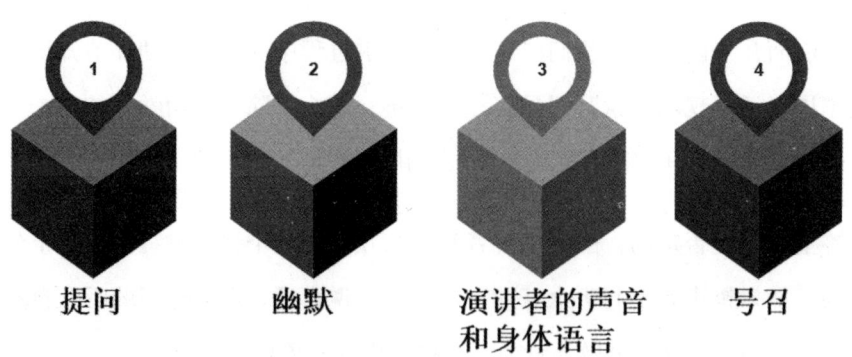

图 8-7　四种语言类技巧

❶ 提问

提问是一种最简单、最常用的互动方式，它对销讲者而言，是非常实用的。比如，在销讲的过程中，销讲者只需要问一句简单的"好不好"或者"大家对闪

第 8 章
互动系统：杀伤力最强的互动技巧，引爆现场气氛

婚现象怎么看"等。这时即使听众没有出声回答你，他们也会在思维上和你互动。具体的提问方法在第七章已经介绍过，这里就不再赘述。

❷ 幽默

幽默是销讲者和听众进行互动时起到的一种润滑剂作用，如果销讲者天生自带良好的幽默感，那么通过幽默的方式和听众互动，就能和听众打成一片，增加听众的好感度。但若是初学者或者天生缺乏幽默细胞的销讲者，则不建议轻易使用幽默的方式去和听众互动，以免适得其反。

关于幽默的演说，这里有两个例子。

> **销讲场景**
>
> 著名学者胡适有一次受邀去参加演讲，他一上场就对台下听众说："我是来胡说的，因为我姓胡"。听众一听，马上笑开了。
>
> 无独有偶，有一次，林语堂也受邀去某个大学演讲，由于前面的几个演讲者演讲超时了，等到他上台的时候，台下的听众已经有些疲倦了。于是他开口就说道："男人的演讲应当要像女人的衣裙一样，越短越好。"话头一停，台下鸦雀无声，听众一时没反应过来，等下一秒他们明白了，便立刻报以热烈的掌声。

❸ 演讲者的声音和身体语言

其实，声音和肢体动作也是人的一种语言表达方式，销讲者所发出的声音变化和所做出的肢体动作，都会落入听众的眼中，引起听众的注意力，这时，听众会在思维上或身体层面上和销讲者产生一种互动。

比方说，销讲者的声音突然下降，听众的心也跟着颤抖一下；销讲者的手晃动一下，听众的眼睛也会跟着晃动一下……

所以，销讲者在销讲的过程中，要懂得让自己的声音和肢体动作做出适当的变化，这样才能和听众产生良好的互动。销讲者还要记住，不要让自己成为一个演讲时没有任何激情的销讲者，否则，你的销讲就会像一潭死水那样，让人觉得死气沉沉。

❹ 号召

作为销讲者，我们一定要懂得号召听众来配合自己做一些动作，一般情况下，只要我们的要求合情合理，并且态度亲切友好，听众一般都会配合的。

二、道具类技巧

道具类技巧又可分为以下两种（见图 8-8）。

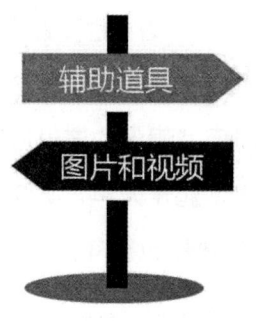

图 8-8　两种道具类技巧

❶ 辅助道具

> **销讲场景**
>
> 　　2008 年 1 月 16 日，乔布斯特意在 Macworld 大会上从纸质信封里拿出了一个精美小巧的笔记本电脑，也就是第一代 MacBook Air，这让全场的听众都惊呆了。因为当时可没有这样一个小巧而又纤薄的电脑，它那精巧而极简的设计，加上近乎十全十美的做工，让听众赞赏不已。

第 8 章
互动系统：杀伤力最强的互动技巧，引爆现场气氛

2009 年，比尔盖茨在某一次演讲活动中，站在台上的他特意从一只瓶子里放出几只蚊子，这一奇怪的举动引起所有听众纷纷侧目和讨论。之后，也有很多媒体进行了报道。

此后，社会上的很多人开始对蚊子带来的疾病有了更深的了解，而比尔盖茨本人也通过此举达成了自己的演讲目的。

以上两个例子，充分说明在做演讲时善用道具的效果。所以，销讲者应当知道如何正确地使用道具去博得听众的注意力，进而实现和听众互动的目的。

❷ 图片和视频

在销讲的过程中，销讲者可以播放一些关于销讲的图片或视频，让销讲的形式变得丰富而多样，使听众从听觉和视觉上都能得到焕然一新的感觉，进而使销讲起到很好的互动效果。

比如，在旅游公司的产品推荐会上，演讲者就喜欢边播放 PPT 边演说，这样不仅听众容易理解演说内容，而且还能更好地吸引听众的目光。

三、活动类技巧

活动类技巧通常可划分为以下四类，如图 8-9 所示。

图 8-9　四种活动类技巧

❶ 奖励

所谓奖励，就是指销讲者在进行销讲的过程中，为了让听众参与到演讲的氛围当中来，给听众赠送一些小礼品。比如，设置提问环节，销讲者在该环节中向听众问一些类似脑筋急转弯的问题，听众中谁答对谁就上台领奖。

❷ 游戏

每个人都喜欢好玩或有趣的东西，包括听众也是一样的。所以，销讲者可以在销讲时，添加一些有趣味的互动游戏，以此提高听众的参与度。现在，让我们一起来看看下面关于互动游戏的案例。

> **销讲场景**
>
> 某次，一位演讲者在讲关于时间管理这个主题的时候，他给听众每人发了一张纸片，纸片上画满了小格子，小格子数共有 80 个，每一个小格子代表一年。
>
> 发完纸片，这位演讲者说道："假若我们能够活到 80 岁，那么请大家把自己所走过的时光撕掉，剩下的就是大家能够攥在掌心里的时间。"演讲者说完，听众纷纷撕掉手中的小格子，过了一会儿，现场多数听众都深深地低下头，用眼睛静静地盯着手中剩下为数不多的小格子，显然他们都陷入了深思。

从这个案例，我们可以看出，在做销讲时，适当地加入一些充满趣味性的互动游戏，会给我们的销讲带来意想不到的效果。

❸ 模拟演练

所谓模拟演练，就是指我们的演讲是为了给听众传授一些实用的技能，这些包含面试技巧、人际交往、业务谈判和办公软件等。这时，为了让听众更好地理解和运用这些技能，我们可以在现场安排听众进行模拟练习。

例如，我们可以安排台下的听众分组模拟练习，等他们练习得差不多了，就让其中练习最好的一组上台来模拟表演一遍。这样一来，我们的演讲就相当于让听众学习了三次：第一次是我们的演讲内容，第二次是听众在台下的练习，第三次是听众在台上模拟表演及看他人表演。

可见，这种模拟演练的技巧，非常适用于销讲者。只要销讲者适当地运用模拟演练这个技巧，便可以为自己和听众带来神奇的互动效果。当然，在进行销讲时，不能为了互动而互动，而是应该明白自己做互动事项的初衷和目的，我们所做的一切互动事项，都只是为达到销讲的目标而已。

❹ 分组

在某次演讲会上，我的演讲主题是医学知识，由于这方面的知识有些枯燥无味，当时我为了让观众能够有效地吸收这些知识，于是我决定这样做，就是将观众分为两组，在我提出问题的时候，他们当中哪一组回答正确，我就给该组一张纸条，累计到最后，哪一组得到的纸条最多，就给该组赠送一份礼物（一盒巧克力）。

这次演讲非常成功，观众普遍表示在这种游戏式的演讲氛围中，他们有效地吸收到了一些医学知识。

通常，分组这类互动形式，都是需要结合游戏和奖励同步进行的，只要销讲者在台上适当地引导台下的听众踊跃地参与进来，便可以营造出很好的互动氛围。因为人人都喜欢玩，也都喜欢有趣的东西，更是渴望被别人认可，而听众也是一样的。

第 9 章

说服系统：
说得吸引人，一个故事大于 1000 万

说一篇大道理，不如讲一个好故事，好故事的说服力超乎你的想象。所以，销讲者必须要学会讲故事，在故事中我们可以运用"预先框式法""明线"和"暗线"一步步地说服客户购买产品，并通过故事解决反对意见。

9.1 一个好故事能卖出多少东西

在开始我们的故事行销之旅之前,我们需要对故事销售下一个定义。在本书中,我们将故事行销定义为:为了更好促成销售行为的发生,销售人员以语言、影音等方式向顾客讲述故事,达到促进产品或服务成交的销售工具的效果。

按照社会学家的观点:"这是一个不能缺少故事的时代,任何人都在想方设法地通过讲故事来让别人了解自己。"著名心理学家乐维教授说:"大多数行销活动是通过卖方讲述故事和买方接收故事来完成的,由于这一事实如此普遍,渗透到这一流程之中,导致所有当事人没有注意到这一点……或者这样说,这一事实其实是非常惹人注意的,因此被当事人融入到每一个销售经验中……他们买进和卖出各种故事,让故事成为产品和服务交换的媒介。"

有的行业内人士说:"假如没有故事进行包装,我们生产的很多产品只能自我消化了。"故事既然如此重要,那么它在平时的销售工作中,能带来怎样的营销价值呢?说得更直白一些,好故事可以帮助我们卖出多少产品呢?

第9章
说服系统：说得吸引人，一个故事大于1000万

销讲场景

一位销售员带着从贫困山区收购的大量手工编织袋到街上销售，虽然他总是说自己的手工编织袋制作精良，质量上乘，且这些编织袋属于纯手工制作，平时很少见到……但不管他怎么卖力地吆喝，一个上午过去了，他却只卖出去两个编织袋，而且还是经过讨价还价之后不情愿地打折卖出去的。

第二天，他又到街上销售编织袋，经过一夜的思考，这次他改变了销售策略，不再单纯宣传编织袋的产品优势，而是为听众讲述了纺织袋背后的故事：

"这种编织袋是贫困山区的女孩们亲手制作的，她们之所以这样做，是想要通过自己的努力赚取学费，因为她们想要学习，渴望学习……"在他讲完这个故事以后，听众被感动了，非常踊跃地购买了编织袋，甚至有的人还心甘情愿地出两倍的价钱购买编织袋。结果，不到两个小时，他就把几百个编织袋卖光了。

编织袋的质量是一样的，销售者也没变，环境与场合也和前一天一模一样，但为什么销售结果有如此巨大的差别呢？区别就在于，前一天没有讲述故事，而当天讲述了故事，并且将故事情节和产品非常绝妙地结合在一起，使产品更具有人性化色彩，变得更有趣。

产品变得有趣，主要表现在产品价值的提升。一提起"价值"，大多数人会想到一个与之类似的经济学概念"使用价值"。使用价值是价值的基础，这是经济学中的基本规律，但价值和使用价值并非完全相同，价值除了包括使用价值以外，还包括一些其他的价值，比如受到政治、文化、历史或情感等因素影响而产生的额外价值。

行销故事就是为了赋予产品更多的额外价值，以此使产品在使用价值的基础上增加更多内涵，而正是这些内涵和价值，使得其重要性远高于使用价值，是区

分同类、同质产品的关键因素。

这些编织袋的使用价值只是为了装东西，这也是很多人购买编织袋的根本原因。但有些编织工艺非常好的编织袋，除了具备基本作用外，还具有装饰作用。假如行销者通过故事包装这个编织袋（编织袋包含着贫困儿童的梦想和拼搏，销售编织袋是为了帮助贫困儿童实现梦想），消费者在购买编织袋时就不只是为了装东西了，而是在购买的同时另外再奉献一份爱心，这就是编织袋的额外价值。这份情感价值拓展了产品的价值内涵，也提升了产品的价格，增加了受欢迎程度。

因此，你可以有充分的理由相信故事会为你的销售带来很好的效果。故事的力量很强大，就像是销售的催化剂，只需一点就可以推动销售额增长。如今只进行单纯的产品推广，效果已经不太明显，所以我们应该在销售过程中尽量利用故事来促销，别忘了，讲故事具有的促销优势是非常大的（见图9-1）。

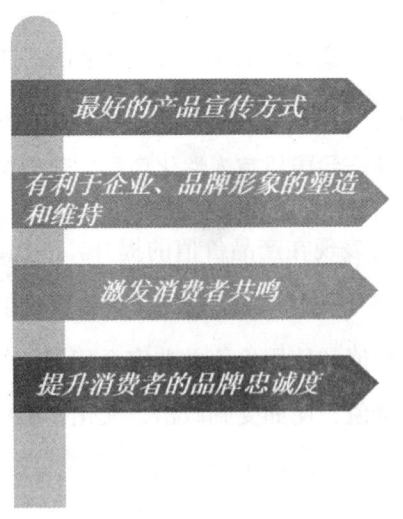

图9-1　讲故事具有的促销优势

第9章
说服系统：说得吸引人，一个故事大于1000万

一、最好的产品宣传方式

通过介绍产品的功能特色，我们可以记住很多类似产品，但只有讲故事才能使我们在品类众多的产品中发现唯一使自己印象深刻的产品。

如今消费者的"口味"越来越挑剔，很少再对某一款产品有非常深刻的印象。所以说，销售人员一定要做好宣传推广，而讲故事便是最好的宣传推广方式。假如销售人员在介绍产品时语言平淡无奇，无法吸引消费者，消费者的头脑中可能会涌现出许多类似产品。如果没有故事作为烘托，其产品很有可能被其他产品代替。

二、有利于企业、品牌形象的塑造和维持

可口可乐公司在建立品牌形象的过程中，发挥最大作用的就是那个"神秘配方"。"神秘配方"使可口可乐在所有饮料中具有十分独特的地位，使其市场占有率一直遥遥领先，持续了一百多年。

这个"神秘配方"就包含了一个十分精彩的故事，也正是这个故事决定了可口可乐不可撼动的品牌形象。每一名消费者在饮用可口可乐时，都会在心里对自己说："我现在喝的饮料是十分神秘的，世界上再也没有同类的饮料。"如果某一天可口可乐把配方公布于众，很有可能会失去大半的市场，销售份额也会大幅缩减。

一个企业到底要通过哪些要素来建立品牌呢？是技术、服务还是质量？很明显，故事也是这些重要的要素之一，而且在确立和宣传品牌形象时比其他要素更有效，因为故事让品牌形象变得更加立体，有内涵。

三、激发消费者共鸣

一个完整的销售流程，应该首先引起消费者的注意，然后刺激消费者购买的

冲动，最后让消费者对自己的产品产生充分的信任，进而充分认可该品牌。品牌被认可，关键在于能否说到消费者的心坎上，激发消费者共鸣。

而讲故事便可以获得这样的效果，它能够利用亲情、友情、爱情、励志、文化等要素，使产品的价值通过感动人心、激励斗志的形式来展现出来，从而激发消费者的情感，消除消费者对产品的心理隔阂，使产品走进消费者心里。

如果要想将产品价值转化为走心的情感符号，使消费者感动并喜爱，故事是最好的方式。

举个例子，在2011年底，百事可乐公司投放了一部宣传品牌的微电影，该电影的名字是《把乐带回家》，讲述了一个温馨感人的家的故事。该微电影由张国立、周迅、张韶涵、罗志祥等人出演，张国立饰演父亲，周迅、张韶涵、罗志祥饰演三个儿女，古天乐出演神秘人。

> **销讲场景**
>
> 父亲辛劳了一年，本以为可以在除夕夜和家人团聚，开心快乐地享受家人陪伴的欢乐。然而，他的三个儿女却陆续打来电话，声称自己有事情不能回家。父亲虽然在电话里一口一个"没事"，但面对做好的一桌子菜，只好一个人冷清地坐在桌前，自己给自己倒酒。那一瞬间，整个屋内充满了孤寂的气氛。
>
> 正在父亲自饮自酌、伤心不已时，一位神秘人出现了。这位父亲曾经帮助过神秘人，神秘人为了报答恩情，便运用"魔法"，让此时父亲深深怀念的儿女童年时期的记忆转移到这些儿女身上，使他们燃起了回家团聚、陪伴父亲的冲动。最后，所有的儿女果然都到家了，父亲快乐地和家人一起团聚，屋内的气氛变得非常热闹。

这则微电影虽然看起来没有什么新意，但却感动了无数观众。因为对于中国人来说，春节回家是所有人心中最容易被触动的话题。所以，这则微电影播放不到一个星期，便收获了数千万的网络播放量。

百事可乐之所以能够获得成功，关键在于其推出的微电影扣准了消费者内心的共鸣之处：在大城市漂泊，远离家乡，很多人都在内心深处想念家乡，但回家的渴望敌不过现实，因此回家成为了奢望。微电影结尾处出现的一行字"我们已经在回家的路上了，你呢？"更是直接揭开了消费者的内心渴望，使其瞬间感动。

四、提升消费者的品牌忠诚度

百年老店为什么能一直经营到现在，其品牌仍然屹立不倒？它们为什么可以一直得到消费者的喜爱和支持？最根本的原因并非因为价格实惠，而是品牌内涵。

比如，我们一般会认为"同仁堂"是非常信得过的药店，虽然这里的药贵得多；投资家知道花旗银行是一家非常厉害的老牌银行，尽管利息不高，也仍然愿意把钱放在这里。

这正是品牌忠诚度的体现。要想提升消费者的品牌忠诚度，关键在于赋予品牌一个深刻的故事，故事的内容可以是历史、文化，也可以是人们日常生活中的一些趣事。这样一来，当消费者注意到这些因素时，就能在内心里做出适合自己的选择。

比如，一个年满三十周岁的人，他可能也会像 5 岁的孩子一样热衷于在迪士尼乐园游玩。为什么？因为迪士尼的故事早已家喻户晓、深入人心，这便是品牌故事所带来的影响力。这也使得好故事可以起到提升品牌忠诚度，让消费者对品牌念念不忘的效果，而这也是百年品牌一直能够良性发展的诀窍。

正是因为故事有这么多的优势，才能为销售提供诸多便利。品牌故事其实是企业的无形资产，也是企业与消费者进行沟通和交流的重要方式。由于品牌故事的出现，相关产品的吸引力变得非常大，而该企业的所有产品也因此获益，变得更有灵魂，从而吸引越来越多的消费者，占领更大的市场份额。

因此，很多企业觉得销售产品其实就是销售故事。一个擅长讲故事的人，会更方便将自己的产品或服务销售给消费者。

很多人可能还不明白，故事为什么能够促销，为什么它是一个非常重要的卖点？接下来我就为大家介绍一下，销售故事到底是在销售什么？为什么故事能有这么大的魔力，可以增加产品的价值，使其更受欢迎？

简而言之，如果单纯地销售产品，只是出售其使用价值，比如技术和功能等。就好比一个扳手主要卖的是它的工具性，可以为人提供便利；一个蛋糕卖的是满足食欲与味觉的功能；一串鞭炮卖的是热闹、喜庆的响声；一辆车卖的是方便快捷。

那么，故事所承载的卖点是什么呢？除了表现产品的基础价值之外，还有什么特点呢（见图9-2）？

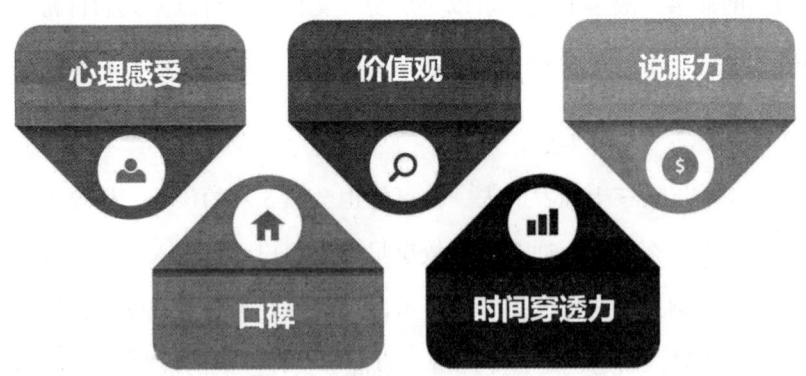

图9-2 故事所承载的卖点

第 9 章
说服系统：说得吸引人，一个故事大于 1000 万

❶ 心理感受

故事通过渗透进产品场景，渲染了产品的情感色彩，从而使消费者对产品或品牌产生深刻的心理感受。

❷ 价值观

通过故事展现出来的价值观，能改变消费者的态度，促使消费者快速做出购买决策。

❸ 说服力

故事可以打开消费者的心门，获取信任，使其心甘情愿地购买产品。

❹ 口碑

不同的品牌，获得的关注是不同的。有的品牌会让消费者印象深刻，而有的品牌则被消费者遗忘，根本区别在于宣传力度和效果不同。一个品牌如果有一个很好的故事，能够使消费者对其产生深刻而立体的印象，促进口碑传播。

❺ 时间穿透力

每一个企业都希望自己的品牌能够一直获得关注，逐渐扩大客户群体，使客户越来越多。讲好品牌故事正是实现这一目的，提升市场知名度、信誉度和客户忠诚度的有效手段。

现在人们的消费能力逐步升级，消费观念也有了巨大转变，早已不再被动接受推销行为，而是喜爱更具个性和内涵的销售方式。

因此，无论你在介绍产品时说得如何天花乱坠，消费者也有可能无动于衷。因为现在早已过了产品推销时代，而是步入了故事营销时代，只有讲好故事，才

能获得消费者的青睐。

那么，从现在开始，为你的品牌开启故事之旅吧。

9.2　练习讲故事，从自己的故事开始

当我们要编造一个故事时，首先要有一个灵感激烈、有强烈感觉的原点。那么，故事的原点是怎么发生的呢？这里可以说是各施各法了。大多数专业的讲故事者都会想方设法去寻找故事的原点，然后再根据自己的想法把"原点"编造成一个完整的好故事。

何谓好故事？简单来说就是那种创意十足，同时又让人心中一亮的故事。

有些画家、小说家和电影导演等艺术工作者，他们可能会为了捕捉一个人物、呈现一个画面以及一个主题等，由此展开延伸，逐步编造出一个故事，这种从最初简单的灵感逐渐发展成伟大故事的事例，不胜枚举。

比如，那些具有教育性或游说性的故事，它们都是围绕一个信息主题，然后再添加各种与之相关的元素，直至整个结构看起来更加完整，更吸引人。毫不夸张地说，故事的原点就像一颗刚刚破土而出的种子，故事最终变好还是变坏，取决于"这颗种子"的力量有多强大，它所扎根的土壤是否足够肥沃，周围的气候是否符合它的生长。

换言之，也就是说该故事的原点在我们的内心有多强烈，与它有关的主题和素材有没有足够的发展空间，以及我们讲故事时能不能讲得很有新意有关。

这时，有谁会对这个故事最为关心、最为熟悉和联想最多呢？当然是我们自己了。所以，当我们练习讲故事的时候，不妨先从自己的故事开始讲起，因为这

是我们最为熟悉的，也是最有把握的一种方法。

很多功成名就的作家或剧作家，他们的创作题材多半来源于自己日常积累的经验，他们缔造出来的作品，或多或少都带有一些自传的色彩，所谓"艺术来源于生活，又高于生活"，就是这个道理。

所以，我们可以把自己当成参照物，因为自己这个参照物拥有属于自己的人事变迁和内心变化，而这些真正属于自己的悲欢离合会更具有信服力。

除此之外，练习讲自己的故事，还能带来诸多的好处，因为我们在日常生活所思考的东西大多数都是零碎散乱的，并且毫无目的性，但练习讲自己的故事，能够帮助我们梳理自己的人生经历，从而让我们更加了解自己。

何况，在如今这个社会里，随着有效社交所带来的价值体现，我们需要更多的机会去表达自己，同时也让别人了解和看到我们的能力。而准备好讲自己的故事，也就意味着我们已经具备了与外界进行沟通与交流的条件。

如果我们把"我"作为故事的题材，那么，我们该如何向听众、向顾客讲起这个"我的故事"呢（见图9-3）？

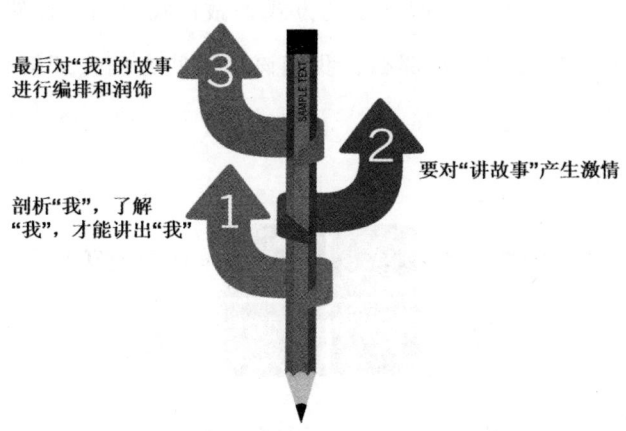

图9-3　如何讲起这个"我的故事"

一、剖析"我"",了解"我",才能讲出"我"

在讲出我之前,首先要剖析"我"是什么,然后再进行介绍。介绍自己的方式有很多种,但最好是根据不同的场合采用不同的介绍方式,这样才能达到通过介绍自己来让别人对我们产生好印象的目的。

一般情况下,当我们跟别人介绍自己时,会讲一些自己的过往经历、生活感悟、兴趣爱好等方面的话题,除此之外,还会讲一些自己的基础信息,包括年龄、工作和家庭等,这种是比较常规的自我介绍。而我们要想把"我"当成一个故事来讲,那么要求就相对要高一些了。

当然,在讲故事之前,我们需要了解故事的意义是什么。所谓故事的意义,就是将零碎片段的事件与人物情感的变化串联在一起,进而设计出一种特殊的因果关系,将之呈现在听众眼前。

这就说明,当我们在讲述故事时,我们会不断地进行思考、想象和设计,直到创作完成的那一刻。但需要注意的是,虽然这个故事是依照我们所知道的事实设计编造的,但我们却不可能了解事物的全部真相。

这种情况下,我们若还采取常规的方式去做自我介绍,显然太过于平淡,不足以给人留下深刻的印象。那么,我们该从哪些方面去理解"我"呢(见图 9-4)?

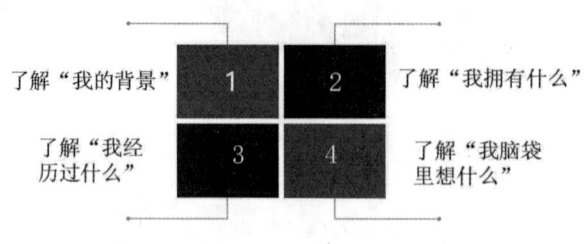

图 9-4　我们应该这样去理解"我"

第 9 章
说服系统：说得吸引人，一个故事大于 1000 万

了解"我的背景"，包括家庭、工作、出身和学校等。

了解"我拥有什么"，包括学识、人际交往、才能和荣誉等。

了解"我经历过什么"，包括感情、旅行、健身和户外活动等。

了解"我脑袋里想什么"，包括有什么愿望、追求过什么和奋斗过什么等。

能够全部、完整地说出对这四个方面的了解，不是一件轻而易举的事，但我们还是要问一下自己：我真的就能掌握"我"吗？显然时机还不太成熟。

事实上，我们也没有足够的能力完完整整地讲述"我自己"。毕竟我们理解自己的能力总会受到周围环境的影响和限制，而在我们所能理解的这些零碎、含混不清、不确定的事物中，又必须尽量去梳理出这些事物的因果循环关系，并且要尽可能地去理解它。

所以当我们讲述自己的故事时，采用这种因果关系或象征性的手法，会更容易让他人或自己去理解自己。

我以前认识一个有趣的教汉语言文学专业的老师，有一段时间我们常常碰面，她非常喜欢讲自己。可她每次讲的故事都不同，第一次，她说自己曾经是哲学老师；第二次，她说自己曾经是一个学校的班级主任；第三次，她说自己曾经是一个学校的校长。

这位老师其实有点自欺欺人，她除了想要获得别人的尊重外，最大的问题就是她对自己的认识不到位和不确定。

任何一种经历都可以成为一个故事。假设我们在一个空旷的房间里，四周没有人，也没有明确的目标，而这个房间就是我们想要结交的人，然后我们告诉它

自己是一个什么样的人,从某个原点展开,去练习怎样介绍自己。

有一次,我在课堂上给我的学员出了一个这样的考试题目:"讲一个'我'的故事,并且解释怎样运用学过的讲故事的技巧。"当时就有一部分学员反映说:"我只是一个平凡无奇的学生,没有什么好讲的啊!"结果还好,起码他们都能完整地把故事讲出来了,而且还蛮精彩的。

通常,我会使用逐步策略,一步一步地去引导学员。

> **销讲场景**
>
> 你所经历过的这些年,有没有一句话、一个场景、一个瞬间、一个想法和一件事情等,是自己一直放不下、忘不掉的,又深深被触动着的?如果有,那是什么?这时,你可以继续接着问:"为什么会这样?""这里面会不会藏着一个故事?""能不能挖掘出来,将它变成一个完整的故事?"
>
> 你有没有说过一些话或做过一些事,让别人感到很痛苦,或者非常喜欢?如果有,那你和这个人的关系如何?发生这件痛苦或愉快的事情后,你和他(她)之间的关系是否因此而发生变化?大多数人都会经历过一些难以忘怀的事情,如果实在说不出来,那也应该说出一点感觉吧?

每个人对不一样的事物有不一样的感觉,比如,有的人被当众嘲讽会一笑置之,但另外一些人却会耿耿于怀。

可见,对不一样的事物有不一样的反应和感觉,这就能表现出不一样的人格特质。我们每个人每时每刻都处在变化和发展之中,那些深刻的感觉是否会给我们带来深刻的改变?是否会演变为人生转折?这些感觉和转折又能不能用"六种人格发展原型"去讲述?假设我们有过深刻的经历,正好这些经历让我们的人生发生转折,那么基本上就可以成为一个故事了。

第9章
说服系统：说得吸引人，一个故事大于1000万

我有一些学员，他们会将朋友、家人或老师等放进自己的故事，讲述他们的所作所为如何影响自己，然后编造出一个"我的故事"，这样呈现出来的效果也是非常精彩的。

二、要对"讲故事"产生激情

学习完关于自我的剖析，想必大家也能感觉到，其实创作故事并没有想象中的那么难，而是好玩又有趣。只要我们懂得先抓住一个原点，经过设计整理，再运用一些技巧，就可以创作出一个有起承转合的故事了。

其实，整理创作自己的故事就相当于把平时生活中那些零碎散乱和含混不清的事情，重新串联在一起。在这个过程中，我们会不断地发现自己生活中有趣的一面，也会重新获取不一样的心态，对自己的看法也会跟以往不同。

讲述自己是一件非常奇妙而美好的事情，我们怎样讲述自己的过去，就意味着怎样看待自己的现在，怎样展望自己的将来。在讲述自己的时候，避免不了要触碰一些自己有意逃避的心事，也会让自己记起一些早已淡忘的细节，甚至还会重新点燃自己往日那些或温馨欢喜或伤感尴尬的情绪。

而这时，要是我们能用心把这些情节融入到故事当中，以故事的形式展现出来，那么这个创作的"我"，就又会重新与自己友好共处了。

当我们创作"我的故事"的时候，应该要确定一个充满正能量的主题信息，这样才能让自己投入到一种积极乐观的叙述当中。

确定了一个主题信息，就意味着我们非常了解这个故事的意义和目的。这样我们创作故事时才能做到收放自如、不偏不倚，才能清晰明了地判断一些对白或情节是否有必要，故事的饱满度是否恰如其分。

需要注意的是，不要过于死板地执行主题信息而排斥非主题信息的叙述，这样做会扼杀故事的生命力，导致最后只剩下干巴巴的说理内容。因此，我们叙述故事要懂得把握好尺度，要灵活运用一些技巧，这样才能讲出一个充满生命力的故事。

由此可知，一个充满生命力的故事，才能让听众在听的过程中获取到深刻的感觉和体会。所谓"一千个读者，就有一千个哈姆雷特"，听众听到的虽是同一个故事，但不同的人就会有不同的理解和想象。有时候，精彩绝伦的人生故事，甚至不用点明主题信息，也能让听众听得热泪盈眶，影响深远，因为这样的"故事"能够给听众带来一种更高层次的感悟，使听众受益良多。

三、最后对"我"的故事进行编排和润饰

我们要是以讲故事初级者的态度尝试着去讲自己的故事，可以从基本的技巧上着手。大多数人的生活都不是那么富有戏剧性的，在这样的情况下，我们可以在写好故事梗概之后，再确定一个主题信息。

但是在构思设计故事的过程中，如果发现自己不喜欢这个原本确定的主题信息了，也是可以随时改动主题信息的。因为确定一个故事的主题信息，不是一个非要执行的定律，而是一个自定义范围，只有这么做才能让我们把故事叙述得更好。

那么，我们讲自己的故事应该进行怎样的编排和润饰呢？

众所周知，故事，就是说给别人听的。如果想要听众在听我们叙述故事的时候始终投入，那么我们应该从以下四个要点入手。

第 9 章
说服系统：说得吸引人，一个故事大于 1000 万

❶ 语言是否生动

自己的故事不一定需要华丽的辞藻，而是需要一些简洁用力、通俗易懂的语言。

❷ 是否把握准角色和事件的内在矛盾与冲突

矛盾和冲突怎么形成、演变、发展和消除，这过程本身就是故事的"骨架"，也是我们平时理解万事万物的基础。

❸ 能不能制造悬念

比如一些成功的电影或小说，都是事先制造悬念来勾起观众或读者的好奇心，促使他们渴望知道结局如何。特别是悬疑小说的手法更甚，它通常会先展现一个令人遐想的状况，接着逐渐把那种让人感到意料之外，却又觉得情理之中的结局铺陈出来。或者它先给出一个令人惊呆的结局，再用奇妙的因果关系重新将故事层层呈现出来。

当然，我们自己的小故事不会这么离奇，但是，我们要是将个人经历的因果关系倒置叙述，也有可能会起到出乎意料之外的效果。

❹ 可不可以添加点幽默感

幽默感是一种消除矛盾和冲突的润滑剂，一般来说，自侃或自嘲的故事自带着一种吸引力，因为这种方式能够让人降低心里压力，又能够带来欢乐的感觉。

现在，我们已经完成学习讲故事这个课程了，相信大家在今后的工作和生活中，关于讲自己故事的能力、对故事的理解力以及对好故事的鉴赏力等方面，都会有很大的提高。

9.3 如何讲故事才具有说服力

在销售过程中，故事是一项十分重要的内容，但并不是什么样的故事都能够使销量提升。现在会讲故事的人多如牛毛，但讲出好故事的人并不多。有的人讲出来的故事，能够快速吸引顾客的注意力，使顾客心甘情愿地购买产品或服务；有的人讲出的故事，却让顾客频频摇头，甚至使顾客感到无聊，提不起精神；也有的人讲的故事过于普通，顾客很早就猜到了结尾，再也没有兴致听下去。

销售讲出来的故事，一定要引起转变——转变消费者的固有观念，消除消费者的抵触心理，促使他们产生购买欲望并付诸行动。我们只要讲好故事，便可以转变潜在消费者的想法和态度，，说服他们购买产品或服务。

那么，我们应该怎么做，才能使故事具备超强的说服力呢？

从20岁那年起，我就开始研究和学习国内外成功人士和顶尖专家的成功经验，我从他们的人生故事中学到了很多。我甚至有幸认识了其中几位大师，得到了他们的一对一指导。到目前为止，我已经在全国各地举办过一千多场演讲活动，为多达数十万的现场听众讲述一个个深入人心的故事。

在我的演讲会上，听众通过我的故事获得了巨大的启发，他们在心灵的震撼中产生了顿悟，在感动的泪水中获得了改变的力量。看到这里，一定有人会问，我的故事为什么具有如此强大的说服力呢？

接下来，我就把使故事具有说服力的方法全部告诉你们（见图9-5），希望能对你们有所帮助，使你们的故事也能够快速打动顾客的心。

第 9 章
说服系统：说得吸引人，一个故事大于 1000 万

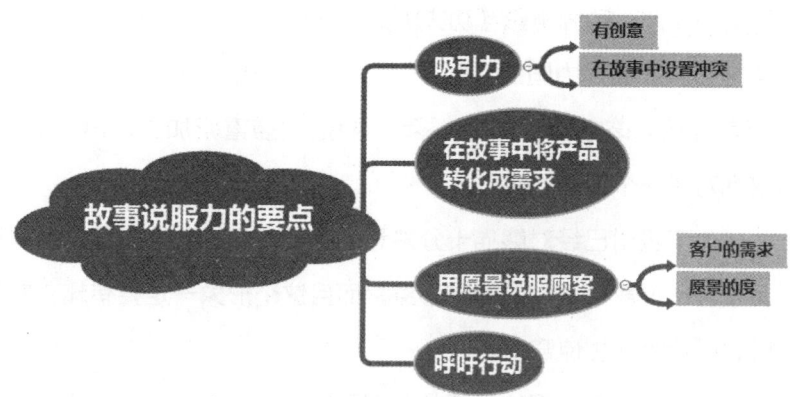

图 9-5　让故事具有说服力的四大要点

有说服力的好故事，一定具备以下四大要点。

一、吸引力

如果一个故事毫无吸引力，说得再多也无用，只能浪费听众和自己的时间。我们在讲述销售故事时，一定要先赋予其吸引力，使其能够吸引顾客。我们可以按照以下方法来提高故事的吸引力。

❶ 让故事有创意

要想讲出一个好故事并不那么容易，需要掌握一定的技巧，而且要与产品的价值相一致。不过，销售故事一定要有创意，这是最重要的一点。

一个好故事，其内容不一定是十分精彩的，但一定是十分有创意的，要能让人感受到新意，认为这是一个前所未有的新故事。这是为了使顾客立刻对产品或服务产生兴趣，从而使产品或服务的魅力值得到飙升。

那么，故事的创意具体表现在什么地方呢？也就是说，故事要具备什么样的内容才能算是有创意的，可以使顾客产生兴趣呢？我们一起来看看下面的案例：

销讲场景

几年前,动画电影《功夫熊猫》曾风靡全球,在中国更是创下了票房佳绩。熊猫是中国的"国宝",所以这部电影最初就把中国市场当作最大目标。该电影制片人:"我们要把熊猫重新加工,再转销回中国,这绝对是一个稳赚的买卖。"

为了吸引已经对熊猫十分熟悉的中国观众,制片人要求编剧和设计师设计出一款颠覆性的熊猫形象,而且这个形象一定要有趣,充满故事性,并让人产生惊奇感。

于是,创意无限的设计师和编剧把"中国功夫"和"熊猫"这两个最有特色的中国元素结合了起来,"功夫熊猫"的形象就这样诞生了。

不管是动漫形象还是故事内容,《功夫熊猫》都给人带来惊奇感,彻底颠覆了人们对大熊猫的认知。电影情节和画面也是充满想象力的。所以,这部电影收获了超高的全球票房,特别是在中国地区,受到的欢迎程度更热烈。

《功夫熊猫》这部电影的故事内容富有创意,趣味横生,而且塑造了一个前所未有的大熊猫形象,彻底转变了人们对大熊猫的固有印象,所以,观众才会如此喜爱这部电影。

在进行销讲时,我们可以讲述一些独特的故事来为产品营造氛围,使产品的特性更加清晰,快速吸引消费者的关注。而这种关注对于在消费者心中确立产品形象有很重要的作用。

创意之所以能带来关注和吸引,是因为它不仅可以带来巨大的反差,还会打破常规。创意的表现形式包括以下几个方面。

——追求独特性

如果一个故事太老套,大家已经听过无数遍,那么,即使它的情节再曲折也

第9章
说服系统：说得吸引人，一个故事大于1000万

没有用，因为千篇一律的故事让人感到乏味。具有独特性的故事，才有吸引力。通常情况下，服装品牌会力邀大牌明星代言，店内的导购员也会向顾客大谈特谈与此相关的明星故事，希望能借此提升销量。

然而，有一家服装公司不走寻常路，居然把裤子套在一头牛身上，然后拍照宣传。公司的员工在推销时总是拿出"穿裤子的牛"的照片，向顾客强调自己的产品质量是有保证的。

——打破思维定式

在听了过多的故事以后，听众会对很多故事模式如数家珍，熟悉得不能再熟悉，一听到开头就能知道故事的结局。这种故事就不会对听众产生太多的吸引力，因为听众已经产生审美疲劳，因此，他们也不会再对与此相关的产品提起半点儿兴趣。所以，这类没有新意的故事很有可能对销售造成阻碍。

如果销售人员在讲述故事时，能打破思维定式，用一种全新的方式来讲述，用新奇而充满创意的故事颠覆观众的想象，让他们对产品产生兴趣。

❷ 在故事中设置冲突

故事之所以吸引人，就在于其对人们情感和心理的影响，如果故事内容没有任何起伏，波澜不惊，恰如一潭死水，那么听众的心里自然也不会有什么触动，故事的精彩程度就会损失大半，吸引力也会荡然无存。就如同小说和电影，情节的此起彼伏往往需要冲突来推进。在故事中，冲突必不可少。

因此，制造冲突就在讲故事的过程中变得非常重要。要记住，一个故事如果没有冲突，那它就不是一个优秀的故事，最起码无法吸引听众继续听下去。

> **销讲场景**
>
> 苹果公司曾与一家耳机制造公司展开收购谈判。对方对乔布斯说道："在你人生的头几十年，我敢打包票，你绝对没有听到过具备真正高端音质的音乐。不如看看我们的产品吧。现在我们已经开拓了大量喜爱并享受高端音质生活的消费群体。"
>
> 对方所讲的这个故事很快就对乔布斯产生了巨大的吸引力，随后双方经过一系列谈判，这家公司终于成功地向乔布斯卖出了自己的耳机制造技术。

转折和问题制造出的冲突让故事变得趣味十足，同时也满足了消费者对美好生活的追求。我们可以在故事中设置冲突，然后通过产品圆满地解决它，让消费者对产品产生好感和兴趣。

二、在故事中将产品转化成顾客的需求

> **销讲场景**
>
> 由于选址失误，一家衣帽店的自然客流量很少，于是店内的导购员只好每天到大街上寻找顾客。
>
> 第一天，一位长发女孩经过她的面前，她马上和女孩说起话来，然后希望女孩购买她的帽子。女孩态度很友好，但并不想购买帽子："我的头发这么好，不用戴帽子。"导购员微笑着说道："你的头发的确很好，非常美丽。但这几天天气很干燥，经常刮风，尘土飞扬，你那裸露在外的头发很容易受到影响，变得分叉、干枯。"
>
> 女孩觉得导购员说得有道理，便跟着导购员到店里选购了一顶十分时尚的帽子。
>
> 第二天，导购员叫住了一位头发稀疏的男子："先生，购买一顶帽子吧，这里总有一款十分适合您的帽子。"
>
> 中年男子自嘲地说道："不好意思，我大概用不到吧。你也看得

出来，我脑袋上的头发掰着手指头就能数得清楚，帽子对我来说毫无用处。"

导购员笑了笑，说道："不过，您要是戴上帽子，只要不认识你的人，没人会在意您有多少根头发的。"

中年男子听完之后认为导购员说得很对，于是跟随着导购员进店选购了一顶帽子。

在上面这个案例中，不管是长发女孩还是中年男子，最初都不打算购买帽子，但是导购员用简单的一个场景，就打造了一个简短但吸引人的故事氛围，很快使长发女孩和中年男子产生了购买帽子的欲望。一个优秀的销售人员，就应该具备这样的专业素质，不只是按照市场情况来销售产品，还可以为消费者创造潜在需求，以使其萌生购买产品的想法。

很多时候，顾客的消费欲望和购买行为具有随意性和盲目性，销售人员应该善于利用顾客的这种心理特点。因此，销售人员在平时要养成察言观色的习惯，在工作中洞察消费者的购买心理，找到其真正的购买需求。然后，再通过正确的沟通语言将自己的产品与顾客需求相关联，促使本不想购买产品的顾客积极主动地购买产品。

要做到这一点，就不能只单纯地介绍和推荐产品，而是要讲述一个精彩而有趣的故事，把产品需求融入进去，这样才能让顾客意识到自身被忽视的需求，进而自发地关注产品。

三、用愿景故事说服顾客

商家或销售人员在介绍自己的品牌和产品时，一般都会简单说明今后的商业目标和发展愿景。其实，商家或销售人员向顾客讲述自己的愿景时，就是在向对方介绍自己，告诉对方"我是谁"。

> **销讲场景**
>
> 在最开始成立阿里巴巴的时候，马云就设立了企业的商业目标和愿景，那就是让阿里巴巴成为全球最大的电商公司。因此，他每次在与客户洽谈时，或者向任何一位潜在客户讲述销售故事时，内心里都怀有这个愿景，而且会看情况向客户分享自己的商业愿景。

任何一位成功的企业家或销售人员都会向客户讲述愿景故事，我也是如此。无论是在早年参加销售工作时，还是在如今的课堂上，我都会与自己的听众分享愿景故事。我这样做，不是为了显摆自己，更不只是为了获得更多的自信或者建立更好的形象，而是让客户感受到我的成长过程，对我的演讲产生参与感。

在我的故事感召下，客户的情绪会被激发起来，他们会觉得，自己是在支持一家有梦想、有良好的发展前景的公司。而且，愿景故事是可以十分有效地维护老客户的忠诚度的。只有我们所讲的故事愿景与客户的需求相一致，并与产品关联很大时，他们才会更关注产品，并对产品萌生更多的好感，将满足自身需求的希望寄托在它身上。

在构思愿景故事时，我们要考虑以下两个因素（见图9-6）。

把握愿景的"度"

一个好的愿景应该有一个合适的度，只有确保让消费者处在一个想要获得又不能轻易获得的处境中，整个愿景故事才具备长久的吸引力，商家的产品才能够长久保持很好的销量。

客户的需求

我们必须想办法了解自己的客户，了解他们内心的真实需求，这样才能对症下药，帮助他们制造一个完美的梦想。一旦这个梦想和产品巧妙结合在一起，消费者就会将梦想的实现寄托在购买产品和消费产品上。

图9-6 讲愿景故事的两个要素

四、呼吁行动

消费者心动,才会行动,但如果只有心动,也可能没有行动。当我们知道消费者已经心动时,就要想办法让他们立即行动起来,不要有任何拖延。当我们同意消费者"下次再买"时,就已经失去了一位潜在顾客。

有些销售人员还没有意识到呼吁行动的重要性,也害怕过于直白的推销会让消费者产生抵触心理。其实,大可不必有这样的担心,我们只要记住,自己是一个销售人员,让消费者购买产品是我们的职责。

我们可以通过以下两种方法让消费者马上行动。

(1)明确说明具体如何做,使消费者清楚地知道下一步该做什么。不要以为消费者可以自主地找到购买路径,其实消费者是非常懒惰的。有时候我们不把购买的流程说清楚,消费者就不会主动去购买。

(2)让消费者产生"机不可失时不再来"的紧迫感,所谓"过了这个村,就没这个店儿"。开展限时特价、限量购买活动,促使消费者即刻购买。

大致来说,销售故事要想具备超强的说服力,总会经历这四个过程。当然,场景不同,表现形式可能也会不同。有的时候故事讲述得直接一点儿比较好,而有的时候就需要铺平垫稳,慢慢地向消费者渗透。比如,有的销售人员在讲述故事时比较含蓄,没有呼吁消费者立刻购买,而是在故事中不断增加产品的内涵,提升其价值。尽管没有直接卖出产品,但也会对消费者日后的购买决策产生很大的影响,以后遇到同类情况时,消费者也会选择该品牌。

9.4 如何通过故事进行预先框式

在本节的开头，先来做一个脑筋急转弯。

有一位聋哑人到五金店想买钉子，他先伸出左手两根手指，然后右手握拳做出击打的动作。服务员见状拿出锤子，他摇摇头，并晃动着左手的两根手指。服务员心领会神，拿出钉子，聋哑人点点头表示很满意。

恰好，这个时候门口进来一位盲人，盲人需要买一把剪刀，请问：他该怎么表述才能买到剪刀？

看到这里，我相信一定会有人说："伸出两根手指，模仿一下剪子的动作呗！"

这个答案不能说错，因为我有时候也是这样表述剪子的。但是，这个答案却并不是最好的答案，因为盲人只是眼睛看不见，却是可以开口说话的。

为什么第一时间想到的不是这个？那是因为大家在听故事的时候心里有一种惯性思维，这种思维还停留在之前聋哑人的动作中，很顺理成章地想到后面的盲人也一样会用动作表述自己的意愿。

这就是惯性思维容易预先框定一个人的想法。在这个时代，人在接受销售员推销之前，都会从心底产生一种"抗拒购买"的惯性思维，认为只要是主动推销的一定要拒绝，这种"抗拒"就是顾客对于销售人员产生的一种思维惯性。

销售人员也可以反过来利用这种惯性思维。我们在顾客提出要求之前，为顾客确定好结果，让顾客按照我们设定的结果选择，而我们只需要对顾客的选择加以赞赏和认同。用通俗的语言说，这叫"挖坑"。当然，挖坑是一个负面词汇，很难听，内行话叫"预先框式"。

第9章
说服系统：说得吸引人，一个故事大于1000万

用在销售上面，怎么做这种"预先框式"呢？鉴于客户头脑中对推销已经产生的抗拒，我们需要先设置一个有利我们和客户沟通的方法，先对潜在客户进行认同和赞赏，引导客户从心里认同我们说的每一句话，并且与我们的思路保持一致，接受我们所说的理论、观点。

比如，年轻人对保健品有一种固有的偏见，认为保健品都是骗人的。如果我是卖保健品的推销员，我会在话术中加入专业词汇，比如"核酸""营养"等字眼，先不提保健品。专业的词汇会引起人的注意力和好奇心，我们可以利用科普的由头来和顾客交流，避免给顾客产生拒绝我们的理由。

预先框式法的目的就是先通过设定解除顾客内心的抗拒心理，打开顾客的心扉，让他愿意来听你介绍你的产品。预先框式法可以用在很多的销售场合灵活运用，是促进销售人员和顾客的交流和成交的重要技巧。如果对这种技巧进行细分，大致可以分为以下步骤。

一、第一步：对客户身份或地位进行积极的预先框式

既然是预先框式法，那么很多信息都是可以提前预设的。首先，我们对顾客的身份进行框式。比如，预先框式的客户是一位成功人士或者是有领导权的人，在我们给客户传递这种预设信息的时候，就等于是在对顾客传递这样的信念：成功人士或者领导是不屑于一些小挑战、小困难的。

比如，这样的话术："在这方面您一向都是敢为他人先的，所以您是不会像其他人那样故步自封、裹足不前的……""您是采购负责人，我们的成交额在您面前完全是小巫见大巫。您做决定我们都不敢提意见，提得不好就是阻碍您的英明决定……"

在这一步骤时，我通常采取的故事行销技巧是依据客户性格讲故事（见图9-7）。

这个世界上没有完全相同的两个人，对待不同的顾客要使用不同针对性的语言，这就是俗话说的"看人下菜碟"。对多宏观思考的人讲框架，对多微观思考的人讲细节；对理性的人讲事实，对感性的人讲感受；对多虑的人讲后果，对冲动的人讲好处。只要我们讲话的针对性正确了，谈话的预期效果会完全不一样。所以，我们要学会对不同类型的客户讲不同的故事。

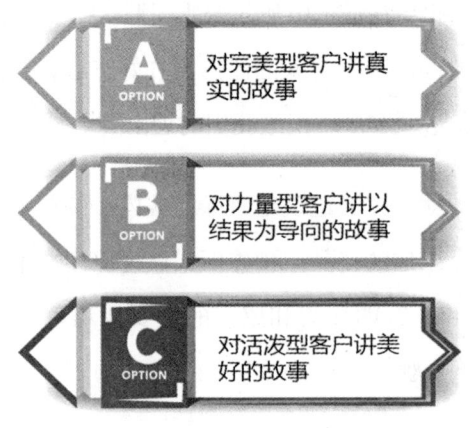

图 9-7　预先框式

❶ 对完美型客户讲真实的故事

一个完美型的客户对待事情一定会严肃认真，他们崇尚美感和才智，做事情有计划有条理，不管是生活还是工作，都提前做好了最佳的安排。完美型客户在思考问题的时候都很细致周到，他们喜欢预设所有问题，害怕冒险，除非你能解决他所有的疑虑，否则很难取信于他。

这样的客户当然很难搞定，如果我们遇到这样的客户，要取得他们的信任，是需要刻苦攻关的。和这样的人相处，我们要做提前准备，最好是有准确的数据和事实，在事实面前，他才会相信我们所说的话是有根据的。只有打消了完美型客户心中所有的疑虑，他才会放心和我们成交。

第 9 章
说服系统：说得吸引人，一个故事大于 1000 万

销讲场景

张明在一家生产白酒的企业担任销售部经理，他有着典型的完美型性格。他衣着整洁、为人大方，工作严谨、细致，每天的工作内容都会反复检查、不断完善，从来不给别人批评自己的机会。这样的性格让很多想来跟他洽谈玻璃瓶业务的销售员吃了苦头。

同样是推销玻璃瓶的业务代表徐亮也登门拜访了李华，并且这次拜访让他收获良多。

徐亮进门寒暄之后，张明开门见山地请他先对自家企业做一个介绍。徐亮如实地回答了张明的问题，简短地介绍了一下自家企业的基本信息。

张明接着问：你们公司总部在哪儿？你们是自己送货吗？送货的车是什么样的？如果车辆发生故障需要多长时间处理？送货司机清不清点数目？

张明提出的问题越来越多，甚至比徐亮的领导了解得还具体。不过徐亮也早有准备，他对上述问题或简或繁地逐一做了回答。

张明又提出了条件："为了确保货能安全及时送达，你们必须缴纳五十万的保证金。如果发生延期、破损和遗失，就从保证金中扣除赔偿金。一年内出现三次严重情况，自动解除合同。"

徐亮满头大汗，他只能告诉张明，自己把要求全都记下了，等下次拜访的时候，会给张明一个明确的答复。

通过张明的问句，我们很容易看出完美型客户是事无巨细的，他在和你谈论的过程中，总是需要得到尽可能多的信息，绝不会轻易做出决定。只有在他收集到了所有的信息，能做出分析和对比之后，才会考虑是否合作。

我们在做销讲时，难免会遇到完美型的客户。遇到这样的客户，一定要尽可能地准备好详尽的数据资料和事实依据，要让他们相信，和我们合作才是最

正确的选择。

❷ 对力量型客户讲以结果为导向的故事

力量型的人的个性永远充满活力、充满理想，他们喜欢勇攀高峰。这种性格的人怕选择、怕麻烦，他们喜欢快速做决定，然后快速看结果。面对力量型客户，我们要采取的应对方式是：要让他们看到清晰可行的步骤和具体可预估的结果，不要让他们感觉到麻烦。

力量型的人大多是企业的中层领导，他们的组织能力和决策能力都很强，有主见，意志坚定，不易说服；行动迅速，且带着很强的目的性。他们强调自己是"没错先生"，就算偶尔失误也不会认错，具有武断、固执和自负的显著特点。

大部分力量型性格的人喜欢以结果为导向，拒绝拖泥带水，讨厌麻烦。和这种客户打交道，最好是在最短的时间让对方明白我们能为他带来什么益处。比如，我们的服务能节约成本、提升利润、避免浪费等。如果我们不明确地告诉对方产品的益处，很可能会遭到拒绝。

应对这种力量型客户，销讲人员应该做到下面几点：

衣着打扮要专业而正式；

精气神足，身姿挺拔，正视对方；不要和对方过多地闲聊与工作无关的事情；

多使用肯定的语气，显示自己的自信，对方不喜欢模棱两可的态度；

准备充分，吐字清晰洪亮，语速快而不犹豫；

阐述事情要专业，但是不要过分挑战对方的权威；

语句明确、清晰和简短，谈话有重点、有计划、有逻辑；

第 9 章
说服系统：说得吸引人，一个故事大于 1000 万

提供备选方案的时候要征求意见，不要指手画脚。

❸ **对活泼型客户讲美好的故事**

性格活泼的人都喜欢丰富多彩的生活，喜欢接触那些他们觉得有趣的人或事。要让活泼型的人成为我们的"铁杆粉丝"，就要让对方感到开心、有趣，或者是趁他们心情好的时候再谈合作。千万不要在他们有情绪的时候去烦他们，否则你会碰一鼻子灰。

对于活泼型客户，我们在讲故事时需要注意以下几点：

神态轻松，步调轻快；

保持热情和微笑，显示出自己的活力，不要带着压抑的心理；

大胆地提出自己的观点，可以表露自己的创意；

对于对方的观点要表示支持，给予表现的机会；

听他们高谈论阔，天马行空，但是自己的话题不要离题太远；

说话坦诚、直率；

重要的事情最好以书面方式进行确认。

二、第二步：通过故事让客户产生憧憬

如果我们能通过故事让客户对产品产生了憧憬，那么我们的销讲就等于已经成功了一半了。作为一名销讲人员，在对产品进行介绍的时候，一定要学会运用故事行销，让顾客自行脑补购买使用产品之后的满意舒适的画面，这才是讲故事的境界。

如何让客户在脑海中产生这样的想象呢？假如我们要销售的是一张办公桌，就可以把故事这样讲："我的办公室也有一张一模一样的办公桌，我喜欢坐在它的后面办公。我看好的是它稳重的颜色，就如同您的性格一样稳重不失大气，当有客户拜访我的时候，它会让客户对我有好的印象。对了，您看这张办公桌摆在您办公室的哪一个位置比较合适？"

如果客户指出了位置，这代表成功销售的时刻到来了，这一单业务已经成功。

三、第三步：对客户的购买决策进行积极的预先框式

当前两个步骤顺利完成后，客户就会接受销讲人员赋予自己的"预先框式"，并照这个"预先框式"来给自己定位。譬如，他们会真的认为自己就是一名成功人士，自己具有成功人士的特质，有权力、有能力。从心底来讲，既然自己已经是成功人士了，那么一定也可以做出正确的决策。

当客户树立了这样的信念以后，销讲人员要做的，就是对客户的购买决策进行积极的预先框式。这一步会再次增加客户对购买决策的自信心，从心底认为"我现在决定购买这个产品，是一个十分明智的决定"。

走到这一步，销讲人员就要注意态度了，我们的行为表情一定要自信和坚定，要帮助客户坚定购买的信念。例如："与我们这样有实力的大公司合作，非常符合您的身份和地位。""我们公司的产品，无论是质量还是价格，都能满足您对高品质的需求。"

通过故事来进行接连不断的预先框式法的时候，不仅要注意言语上的灵活和巧妙，还要注意语气神态的配合。你的坚定和自信，不仅强化了客户对自己的自信，同时也强化了对产品的自信，打消了客户的疑虑。

"预先框式法"的使用一定要灵活，要从客户的性格和心理特点出发，结合实际情况做积极的引导，千万不要脱离实际，照搬理论。

运用"预先框式法"时，还要注意循序渐进，做到逐层积累，逐层铺垫，环环相扣。记住，每一环都要为你后面的环节打好基础，这样才能实现最终的成交目标。

9.5 如何运用明线和暗线埋雷

我们在讲故事销售时，通常采用两种方式：一种是"明线"的，譬如直接讲一个产品故事；另一种是"暗线"的，通过观察客户的心理，有针对性地讲故事，引导客户的购买需求。这种通过明线和暗线"埋雷"的故事行销方法，对于说服客户下单非常有效。

下面，我们来看一个通过明线和暗线"埋雷"进行故事行销的案例。

> **销讲场景**
>
> 著名护肤品牌赫莲娜专柜的销售员小张看到两位女性顾客在柜台面前徘徊，她通过观察发现，其中一位顾客倾向于买品牌产品，因为她想要的是一线品牌带来的满足感。另一位顾客则比较担心护肤品的安全，因为她的皮肤很敏感，不太敢尝试没有用过的护肤品。
>
> 于是，小张针对这两位顾客不同的心理需求，分别讲述不同的导购故事。
>
> 她对第一位顾客是这样讲述的："我们'赫莲娜'是一线品牌，代言人就是著名影视演员韩雪，社会上的许多知名女性都是我们的忠实顾客（暗线埋雷）。像您的气质这么优雅，特别符合我们的这个品牌，您不妨尝试一下（明线埋雷）。"

她对第二位顾客则是这样讲述的:"我的一个闺蜜,她的皮肤跟您一样,也是敏感性皮肤,不敢轻易尝试换护肤品,特别怕过敏(暗线埋雷)。有一次,我拿我们的这款护肤品给她尝试,她觉得这款护肤品没有任何添加成分,于是就鼓起勇气尝试了。一个月后,她的皮肤变好了,而且也没有出现丝毫的过敏现象。如今,她已经成了我们的老顾客,只买我们这款护肤品(明线埋雷)。您不妨也尝试用一下我们的这款护肤品,相信也会有意外的惊喜在等着您!"

结果,这两位顾客听完小张讲述的导购故事之后,便高高兴兴地买下所推荐的护肤品,并且成为了赫莲娜的忠实顾客。

其实,讲故事销售是需要我们运用一些智慧的,我们只有把握顾客的心理,才能够做到有针对性地讲故事、做销售。

在打算讲故事之前,我们首先应该要思考,顾客有什么样的心理,他们想从该故事中获取什么样的信息,就像上面案例中的销售员小张那样,采用这种明线、暗线埋雷的方法,充分地迎合顾客的心理,最终顺利地把产品卖出去。

实际上,顾客买产品的过程就是一种心理满足的过程:购买欲望→满足多少→决定购买→得到满足→使用后是否满意。所以,作为销售员,我们应该懂得如何去抓住顾客的心理,然后通过明线、暗线埋雷的方法,进一步用故事包装产品,这样才可以把故事讲进顾客的心里。

接下来,我就给大家讲述下如何采用明线和暗线埋雷的方法来给顾客讲故事。

一、抓住顾客的弱点讲故事

所谓"欲成天下之大事,须夺天下之人心",就是说我们要想做好某件事情,

第9章
说服系统：说得吸引人，一个故事大于1000万

就必须先得到人心，而得到人心的关键就是抓住对方的弱点。可谓"人无完人"，每个人都有自己的弱点，顾客也是一样的。

所以，作为销售员，我们要善于捕捉顾客的弱点讲故事，也只有灵活地利用顾客的弱点，才能获得主动权，才能征服顾客。

现在，我们先看这样的一个真实案例。

销讲场景

一天，一个皮肤黝黑的女孩走进一家服装店里，她这里摸摸那里看看，一直不停地比画来比画去，可就是不肯拿衣服去试衣间试。当她看到漂亮的衣服时，就会从眼睛里露出喜欢的神色，可下一秒，她又露出非常伤心的样子。这让店里的导购员小李似乎明白了些什么。

于是导购员小李从众多衣服中挑了一件纯蓝色的连衣裙，递给了女孩，同时说："你不妨试一下这件裙子（明线埋雷）。我在不久前遇见一个女孩，跟你的肤色一样，她试穿了之后，就非常满意，因为很显白（暗线埋雷）。于是她最后开心地买下了。"女孩听了小李给她讲的导购故事后，便鼓起勇气拿起裙子，走进了试衣间。

女孩试完裙子后，非常满意就决定买下了。等女孩付完钱，拿着裙子离开后。店里的其他导购员向小李请教心得，她们说："这个女孩应该不是专门来买衣服的，进来这么久，只是一直看衣服，却不主动试穿。然而，你是怎么做到让她买这件裙子的？"

小李嘴角一勾，笑着回答："她长得很黑，这一点，是她最大的弱点。其实不是她不想买衣服，而是她觉得再漂亮的衣服穿在她身上都不好看罢了。所以，我就特意挑了一件显白的纯蓝色裙子，同时给她讲了一个那样的故事。"

可见，小李正好是捕捉到了女孩"黑"的这个弱点和女孩都爱美的这个心理，给女孩讲了一个"只要穿上这件裙子，就会变得又白又美"的故事，以此实现自己的销售目的。

如今市场竞争特别激烈，我们要想卖出自己的产品，就必须在给顾客讲故事之前，找到顾客的弱点，然后按照顾客的弱点来讲故事。那接下来，我们应该怎么做才能在找顾客弱点的同时还能结合弱点讲故事呢？

下面我便给大家讲述一下找到顾客的弱点并结合弱点讲故事的两个技巧。

❶ 沟通观察获取顾客信息

借助沟通和观察的方式来获取顾客的个人信息，也就是说，我们可以与顾客进行沟通交流，从而了解顾客的信息，也可以通过观察顾客的行为或说话方式，进一步掌握顾客的心理信息。

❷ 通过剖析找到顾客弱点

灵活剖析顾客，顺利找到弱点，这就是说，我们在分析研究顾客的时候，要挖掘出顾客最想获取到的好处和他的弱点。

二、通过故事暗示客户产品很好

所谓暗示性的语言，就是一种能够帮助我们说出自己无法张口的请求或想法的语言，它能够在无形之中让倾听者接受。我们在讲销售故事的时候，也要灵活地运用暗示性的语言。也就是说，我们在了解顾客需求的基础上，经过认真分析后，给予顾客一种善意的提醒。

下面，我们来看一个实例，你就会明白心理暗示是多么有用了。

第 9 章
说服系统：说得吸引人，一个故事大于 1000 万

销讲场景

在一家电动车专卖店里，一位顾客问销售员："我看到你们到处张贴的广告，你们的电动车到底有哪些优点？"

这时，销售员没有马上告诉顾客电动车的优点，而是先这样回答顾客："听您这么说，我想您一定对我们的产品比较熟悉。对于我们的产品是好还是坏，我作为销售员，说多了你也未必相信，不如我先给您讲一个故事吧。"（暗线埋雷）

"不久前，有一位大爷到我们这里买电动车，他是没有骑过电动车的，这次买也是为了方便接送他的孙子上下学。他说他就想要安全性能最高的（暗线埋雷）。他还说自己平时看到人家骑的电动车当中，多数是我们这个牌子的，所以觉得这个牌子一定好。于是他就来买了。买了才临时学习驾驶的，学不多一会儿，学会了他就直接骑走了。这不，昨天他碰巧经过我们店，还带着孙子特意进来告诉我们，我们的电动车又好用又安全（明线埋雷）。"

从这个事例中，我们可以看出，这位销售员采用一个小故事的方式，向顾客隐约地表达出自己这个牌子的电动车在消费群中占有很大的比重这一事实。

在我们讲故事的实际过程中，应当如何通过暗示性的语言来实现自己成交的目标呢？以下三个方法将会帮助到我们（见图 9-8）。

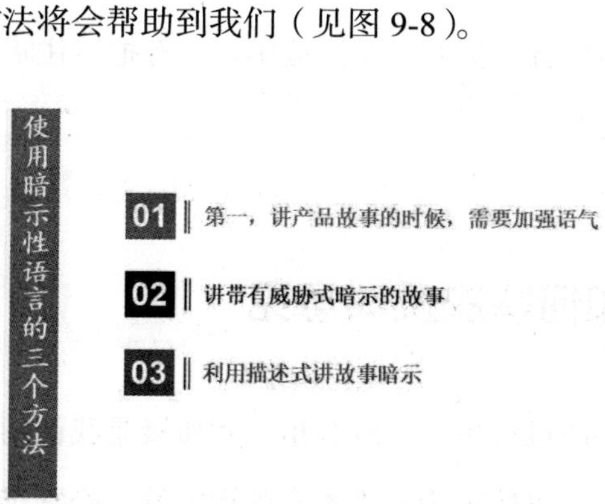

使用暗示性语言的三个方法

01 ┃ 第一，讲产品故事的时候，需要加强语气
02 ┃ 讲带有威胁式暗示的故事
03 ┃ 利用描述式讲故事暗示

图 9-8　使用暗示性语言的三个方法

❶ 讲产品故事的时候，需要加强语气

当我们向顾客讲销售故事的时候，特别是涉及一些产品质量方面的内容，我们的态度一定要坚决，同时要加强语气，这样暗示才会起到好的效果。

❷ 讲带有预警式暗示的故事

这种威胁式暗示的方式，保险销售员比较常用，如果遇到对人身健康安全比较重视的顾客，销售员一般都喜欢说"之前有个人因为没有及时购买此类保险，结果突发事故也没有相应的理赔"这样的故事。

这样就可以给顾客营造这样的恐慌心理：如果我不及时购买保险，我将来会不会因小失大？

❸ 利用描述式讲故事暗示

这里所说的描述式，就是指我们在讲故事的时候使用积极正面的语言，这样讲出来才是一个充满正能量的故事，从而暗示顾客意识到我们产品的可靠性，让他们觉得用了我们的产品之后就能精神抖擞，充满活力。

总之，在故事中运用明线和暗线埋雷说服顾客购买，在掌握以上两个方法的同时，还必须在实践中融会贯通，灵活运用。只有把握住暗示的分寸和尺度，才能达到自己想要的效果。

9.6 故事中如何解决反对意见

在销售或者销讲的过程里，被顾客拒绝和质疑是我们的常态，尤其是当你在向顾客讲故事的时候，可能因为故事本身的严谨性，经常难以自圆其说。当这种

第 9 章
说服系统：说得吸引人，一个故事大于 1000 万

情况出现，我们应该怎么办？

故事被客户反对和质疑，有下列两种情况（见图 9-9），我将告诉你为什么会出现这种情况以及解决这些问题的方法。

图 9-9　两种情况

一、情况 1：还没有和顾客建立和谐关系，就急着向顾客讲述故事

这样的例子多不胜数，下面我们一起来看一个案例。

销讲场景

小胡是一家商场女鞋专柜的销售人员，最擅长和顾客打交道，她经常通过讲一些精彩的故事向顾客推荐销售自己专柜的鞋子。周日的商场熙熙攘攘，生意比一般日子要好，客户很多。这天，她留意到有一位顾客很着急地来到了专柜，似乎是在寻找某款鞋子。

"您好，请问你需要找什么款式的新鞋？我注意到您穿的是上一季的鞋子，现在已经不流行了，我帮你介绍一下本季流行的新款吧？"小胡面带微笑地对顾客介绍。然而，出乎意料，顾客只是看了她一眼，带着很不高兴的表情，转身就走了。

对工作一向认真的小胡没有把这件小事放过，她跟同事一起探讨起

这件事，请同事们帮忙分析一下顾客不高兴的原因。在模拟还原了整个销售过程之后，大家发现小胡的介绍太快了。

首先她并没有和顾客建立起基本的人际关系，还不知道顾客真正的需求是什么，顾客是否关心款式流行？顾客穿在脚上的鞋子是不是有别的意义？在顾客没有讲之前，小胡只是根据自己以往的经验，在反方面提出自己的建议，这就是在替别人拿主意，当然容易失败。

小胡的表现，其实是很多销售人员的心态表现：我是销售这个产品的，我对产品最清楚，我是专业人士，所以我从专业的角度向顾客提供的是最专业的建议。我可以告诉大家，这样的想法就是把顾客当作赚钱的工具，这种想法要不得。那么，我们应该怎么办？

我们要明白，不管做什么类型的销售，都要关心顾客。每个顾客都有各自的需求，我们应该尊重并了解我们的顾客，才能为他讲述一个准确的故事。如果我们不了解自己的顾客，不经过观察就急着开始，不仅对销售无益，反而是"牛头不对马嘴"。顾客不仅不屑于听我们讲故事，反而还会产生防范心理，让我们更难说服。

所以，在讲述故事之前，首先要做的是与客户沟通，聆听客户的真正需求，然后再开始讲自己的故事。

二、情况2：故事出现错误或穿帮

对于顾客来讲，故事本身的逻辑性并不是他们在意的重点，他们在意的是销讲人员是否在用错误的故事糊弄他们，对他们的是否尊重。在销讲过程中，我们一旦讲了一个错误的故事，而且被顾客听了出来，大多数顾客都会扭头直接走人。这时，我们应该怎么办？

此时我们千万不要试图向顾客解释这个错误，或者想向顾客证明你讲的都是对的，这两者都是愚蠢的做法。

记住，此时我们应该微笑着停下来，让顾客说话。这是在向顾客表达我们的歉意和尊重，是转移尴尬的最好方式。等到顾客说话时，我们再来对顾客进行引导，把顾客的注意力从刚才的错误上岔开。

另外，还有一招险棋，如果运用得好可以挽回顾客的信任，那就是直接承认错误。这一招如果遇到活泼型的顾客会非常有效，因为这样性格的顾客通常喜欢直率的人，当我们承认错误的时候，反而能获得对方的信任。但是对于完美型顾客，这一招只会起反作用。完美型顾客追求完美，错了就是错了，如果你承认了错误，就等于永远进入他心中的"黑名单"了。

还有的销讲人员会故意在故事中留下一个错误，借此引起顾客的注意，这样做的前提是：我们对这个错误有一个足够合理的解释，能让顾客信服。

销售中的故事被顾客质疑不可怕，可怕的是遇到质疑我们不知道解决的办法。有了上面的解决方案，当我们遇到被顾客质疑时，只要找出质疑的原因，遵照解决办法去做就可以了。

第10章

控场系统：
冷场救场技巧，收人、收钱、收心

身为一个销讲师，不仅要会讲，还要会控场。销讲现场就如同一个战场，销讲师就是战场上的统帅，要引领现场的客户和工作人员构建积极的氛围，杜绝尴尬冷场的现象，在和谐、有激情的氛围中收钱、收人、收心。

10.1 用梦想的力量打动台下人

电影《少林足球》中有句非常经典的台词："做人如果没有梦想,那跟咸鱼有啥区别？"此话意在告诉我们,梦想对于每个人来说是非常重要的。无论是平民百姓,还是达官贵人,都应该拥有梦想,有梦想才会有野心、有追求,哪怕在实现梦想的过程中一路披荆斩棘、历经坎坷,那又怎样呢？通过坚持不懈地努力,我们不仅可以改变自己的命运,甚至还能达到改变世界的愿望。

基于这点,我们要想在销讲的世界里有所成就,就必须以人心为起点,牢牢抓住听众的"梦想"。

我一直很崇拜马云,也非常认同他说的一句话"改变世界的不是技术,而是技术背后的梦想"。马云之所以如此成功,就是因为他心怀梦想,并通过销讲来贩卖梦想,然后一步步地打动听众,甚至让听众也改变自己的梦想。

因此,我们想要做个成功的企业家,就必须在销讲的过程中学会贩卖自己的梦想,在这里我归纳总结出三种贩卖梦想的模式（见图10-1）,供大家学习和参考。

第10章
控场系统：冷场救场技巧，收人、收钱、收心

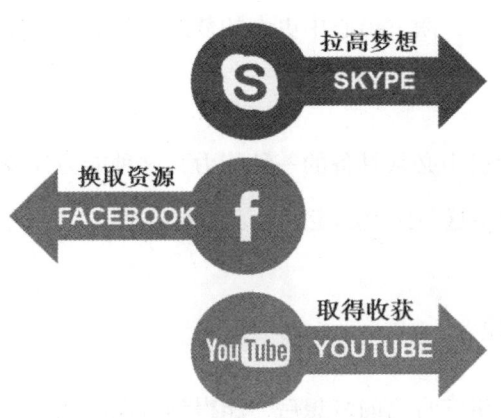

图 10-1 贩卖梦想的三种方式

一、拉高梦想

我们在销讲中贩卖自己梦想的时候，一定要能打动听众，最好能起到震撼人心的效果，让听众在听完我们的梦想演讲后，能意识到自己的梦想是多么的渺小和微不足道，从而愿意重新整理并拉高自己的梦想。这样，我们的销讲梦想才算发挥了作用。

> **销讲场景**
>
> 我有三个十年梦想，经常分享给我的学员们。
>
> 第一个梦想：三十岁成为一个了不起的演说家，用演讲的力量去影响别人，改变世界；
>
> 第二个梦想：四十岁成为一个有名气的企业家，打造世界一流的中国企业；
>
> 第三个梦想：五十岁成为一个爱心慈善家，做好慈善事业，影响更多的人参与进来。

我经常把梦想拿出来激励自己要更加努力，同时也把梦想分享给身边的人。当人们听到我的梦想时，觉得我的梦想特别振奋人心，不仅给我加油鼓励，而且

他们也因此而受到影响，激发出心中更大的梦想，从而愿意跟我一起为了梦想而前行。

这就是我们在销讲中必须具备的一种能力，这种能力让我们不断拉高听众的梦想，并让自己在销讲这条路上越走越远，越走越宽。

二、换取资源

我们总是希望在讲完自己的梦想后，能得到听众的认可和关注，达到梦想换取资源的目的。这种典型的贩卖梦想模式不仅适合初创企业的创业者，也同样适合成熟企业的企业家，前者依靠这种模式来获取企业的发展资金和人才，后者通过这种模式进行自我宣传和企业宣传，让企业和品牌被更多的人知晓，从而获得更多的信任和关注。

> **销讲场景**
>
> 有一次，汕头大学邀请李嘉诚做一场毕业生演讲，当时他在台上对毕业生说：
>
> "我小时候有很多梦想，最初是想当一名医生，后来随着年龄的增长，梦想又变了，又特别想当一名大学教授，却从来没想过要做一个企业家。可你们并不知道，我曾经有许多遗憾，也希望能有机会读大学，去实现自己的梦想，这样我的人生就会是另一番景象。所以我很羡慕你们，因为我当初的梦想没有完成，但是你们却有去实现自己梦想的机会。"

总之，无论我们是怎样的身份，或出于何种目的，在销讲中运用梦想换取资源这种模式，最终的前提就是让听众被我们的"梦想"打动，这样很多资源就会顺理成章地收入囊中。

三、取得收获

我们讲梦想时，肯定会提到自己的梦想最终能收获什么，这也是销讲时必不可少的内容，因为有收获才会有源源不断的希望，才会让听众被我们的梦想所折服。梦想的收获包含了物质上和精神上的，它不仅能让企业获取利益，实现个人梦想，还可以影响到更多的听众，让企业品牌效应和口碑得以提升。

> **销讲场景**
>
> 如今的马云是许多人崇拜的偶像，可谁曾想到，马云曾经的梦想只是想当一名服务员或者警察，但都以失败告终。但现在马云很庆幸当年的梦想失败了，才让他变得更加坚强，有了现在让人惊叹的事业。
>
> 当然，在马云创建阿里巴巴的过程中，并非一帆风顺，也是经历了无数次的失败，也正是因为这些磨难才成就了今天的马云。用马云自己的话来说："如果我写一本书的话，书名一定是《阿里的1001个错误》。"

从上面的销讲场景可以看出，马云之所以收获成功，并不是他运气好，更不是有贵人相助，而是通过一次又一次的错误和失败，不断地跌倒又爬起来，通过努力才有了今天的成就。

没有哪个企业家可以不经历挫折就获得梦想的成功，他们总是经历着无数次的梦想破灭，并从梦想破灭中获取经验，才有了今天的成功。由此可见，梦想的失败和成功，本来就是一对孪生兄弟，二者相辅相成，在销讲梦想的过程中，如果我们把梦想失败的收获与梦想成功的收获有机结合起来，用梦想的力量去打动台下的听众，我们的销讲就会更成功、更受欢迎。

10.2 灵活应变，巧妙化解尴尬场面

不管什么场合下的销讲，难保不会发生一些突发状况，当突发状况来临时，

作为销讲者该如何处理危机呢？可以说处理危机的能力与临场应变能力，不仅决定着销讲能否顺利进行，还体现着销讲者的综合素质能力。

基于这两点，销讲者若想让自己的演说达到一个良好的效果，那么处理危机的能力就一定要强，这样才能洞悉听众心理、把握听众需求、抓住听众感兴趣的点，从而适时调整演说内容，为销讲成功做好助力工作。

那么，要如何做才能灵活应变、巧妙化解尴尬场面呢？不妨参考以下两点。

一、全面控场，调动气氛

一般来说，除了具备专业的产品知识、演说能力外，能否全面控场、调动气氛也是销讲者需要掌握的一大技能。如何提升这项技能呢？我将从三个方面来为大家进行阐述（见图 10-2）。

图 10-2　控场的三个因素

❶ 将反对者变为支持者

再优秀的销讲师也不能保证台下所有听众都是支持者，难免会出现一些反对者，销讲队伍中出现了反对者，对方势必会用质疑声来破坏销讲的顺利进行。因此，销讲者在登上演讲台后就应该快速区分不同类型的听众。

通常，那些对你报以掌声支持、投来欣赏与肯定目光的人，毋庸置疑当然是属于支持者一类，有了他们的支持，你在销讲的过程中也能增添信心。

第10章
控场系统：冷场救场技巧，收人、收钱、收心

对于反对者，其在行为上大多是环抱双手，眼神不屑一顾，这种类型的听众一般是初次听讲。虽然在行为上表现得很傲慢，但其实并没有什么恶意，他们只是出于一种戒备心理，只要我们能报以微笑，用真诚的话语与他们耐心沟通，便能让他们放松戒备、缓和态度，慢慢地接纳我们。

❷ 调节现场气氛

在销讲现场，常常会出现这样一幕：销讲者在台上绘声绘色，听众在台下毫无反应。这样是不是很尴尬？既然是，那就要想方设法将听众的热情与积极性调动起来。正所谓"好的开始是成功的一半"，销讲者可以选取一个听众感兴趣的话题或是一句幽默的话语来调节现场气氛。

> **销讲场景**
>
> 王小刚深知在销讲过程中，销讲的话题与开场白对现场听众起着重要作用，它将决定着听众的态度是消极还是积极的。因此，他在每一次上台演说时，都会巧妙调节气氛。
>
> 有一次，他在台上演说了几分钟后，发现台下听众都在各自开小差，于是他对着台下的听众说："现场的听众能给点掌声鼓励一下吗？"听到台下响起了掌声，他接着又说，"哇，这么热烈而又响亮的掌声让我瞬间感觉自己登上了人生的巅峰！"话音刚落，台下的听众一边用力鼓掌，一边哈哈大笑起来。

❸ 与听众现场互动

人与人之间重在沟通，销讲也是如此。销讲者若能与听众现场互动，在互动中拉近彼此距离、加深好感，自然能快速消除尴尬局面，使销讲活动顺利举行。

当然，在与听众互动的过程中，销讲者也要视现场情况来判断和分析，根据听众的面部表情与肢体动作来做出正确的判断。

比如，听众手托下巴或者将手放在脸颊上，说明他们正在思考和分析，这是正常反应；双手环抱胸前，说明内心产生了质疑，这时销讲者便要迅速调整策略；身体不断晃动，说明紧张与焦虑，这时要给予对方一定的安全感，让对方放松下来。

不管销讲者面临的是哪种情况，只要学会了控场，就能让尴尬瞬间消失得无影无踪。

二、化解危机，巧妙应对

在销讲过程中，我们有可能会遇到各种各样的尴尬或危机，比如，观众和客户的刁难，现场设备出现故障，甚至自己不慎忘词。对于销讲新人来说，遇到尴尬和失误是在所难免的，所以我们要掌握一些化解危机的方法。

在我的职业生涯中，也遇到过大大小小的尴尬场面，由此，我总结出了几个化解尴尬的小技巧，希望能帮到大家（见图10-3）。

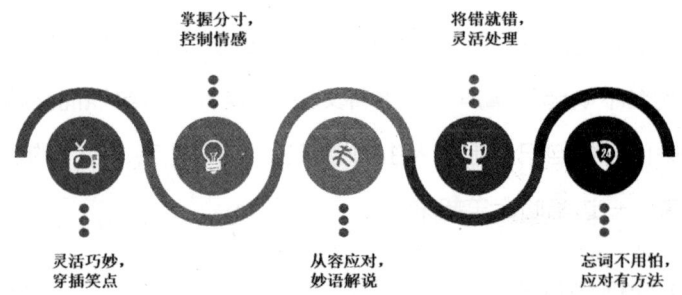

图10-3 化解尴尬的五个技巧

❶ 灵活巧妙，穿插笑点

活跃气氛的目的就在于化解危机与尴尬。当危机来临尴尬出现时，销讲者千万不要听之任之，应在接下来的销讲中巧妙穿插笑点，用笑点来化解。比如，冷笑话、奇闻逸事等。

第10章
控场系统：冷场救场技巧，收人、收钱、收心

❷ 掌握分寸，控制情感

做任何事都要学会控制分寸，分寸控制得好，一切便能应对自如。在销讲中，学会控制情感也是一件很重要的事，它能让销讲者戒骄戒躁，保持理智，不因惊慌失措而分寸大乱，不因急功近利而鲁莽行事。

❸ 从容应对，妙语解说

在销讲的问答环节，难免会遇到刁钻的顾客提出一些尖锐的问题，有些问题听起来似乎不着边际。不管问题是尖锐也好，不着边际也罢，销讲者都应给予回答，千万不要恶言相向，用批评和压制的方法来解决问题，而应从容应对，妙语解说，化被动为主动，避免陷入窘境。

❹ 将错就错，灵活处理

销讲者如果在演说过程中，不小心犯了言语上的小错误时，不妨试着将错就错，灵活处理，让演说得以正常进行。

不小心说错话的时候，若不及时采取方法应对，就会变成冷场，这是销讲过程中最忌讳的一点，一定要学会规避。

❺ 忘词不用怕，应对有方法

有些销讲者由于紧张或焦虑，或多或少会出现忘词的情况，哪怕准备工作做得再充分，一到关键时刻还是会掉链子。这种情况下，该如何应对呢？下面我就将我平时掌握和积累的一些技巧与大家分享。

（1）中途插话

虽说插话是不太礼貌的一件事，但在销讲过程中却是被允许的，如果讲着讲

着忘词了，不妨用中途插话的方式来应对。

例如，询问台下的听众："各位听众，对我刚才所讲的内容都了解了吗？"此话说完后，认真地扫视台下的听众，借此机会为自己赢得回想内容的时间。一旦回想起内容，便可以说："既然大家对刚才的内容都没有异议，那么我就继续接下来的内容。"

（2）跳跃演说内容

如果采用中途插话的方式还是没能记起演说的内容，又不能一直傻站着在那里冥思苦想时，这种情况应该如何做呢？

结合我多年的实战经验，我认为最好的应对方法就是跳跃忘词部分的演说内容，采用几句起承转合的话引出后面的内容，这样既过渡自然，又不至于影响演说的效果。即使后面回想起来了，也可以圆回来。

在演说快要结束时作为总结来补充，说："因为这一点特别重要，所以我特意放到最后来与大家探讨。"这样就能自然而然地补充进去了。

（3）用提问转移注意力

所谓提问也就是通过一问一答的方式，来转移注意力，借此活跃气氛和缓解忘词时的紧张感。当然，提问时也要注意与销讲内容相关的话题才可以，这样才能契合主题。

比如："对以上观点，大家是否有异议呢？"利用转移注意力的方式来帮助自己回忆忘记的演说内容。

（4）反复衔接

反复衔接就是指将忘词前的那一段内容采用加重语气的方式，在听众面前反

第 10 章
控场系统：冷场救场技巧，收人、收钱、收心

复演说几遍。这样便能加深头脑的记忆，使之前中断的思维得到衔接，从而让整场演说看起来更流畅、更自然。

> **销讲场景**
>
> 刘梅自打结婚生了孩子重返工作岗位后，记性就越来越差了，什么事到了她那转眼就忘了。在工作中，这可不是什么好事。尤其是在销讲过程中，记性太差就容易导致忘词，面对台下的听众，忘词实在是太尴尬。但后来，经过一番努力尝试，她终于找到了应对方法。
>
> 有次，当她说完"我非常理解他们的心情与感受"这句话就忘词了，她便将这句话重复了3次，就在第3次说完这句话时，她突然就想起了后面的那句"但我却无法感同身受……"

一旦忘词，立马重复上一段内容是个不错的办法，它可以促使销讲的顺利进行。

灵活应变，巧妙化解尴尬场面，只要我们能将以上控场的技巧与方法运用到销讲过程中，就能打造一场高质量、高效率的销讲活动，从而轻松愉快地达到我们的销售目的。

10.3 销讲现场造势的三大策略

在销讲中，我有时候觉得自己像一个将军，会场便是自己的战场，如果想在战场上赢，就必须提高自身的演讲能力，同时带动整个会场的气氛。

相信大家都看过电视购物，这种营销方式在这几年也比较火，我们常常会看到激情昂扬的主持人这样说："热线刚刚开通，马上就接通到一位幸运客户，看来我们的产品真的很受大家欢迎啊，好产品值得拥有！大家赶快拿起电话订购吧。哇，不得了，刚刚客服那边说电话快打爆了，现在又开通了两部热线电话，

到现在铃声都响不停,能挤进来的客户真是太幸运了,最后三十分钟,抢到就是赚到,大家赶紧拿起电话抢购吧,错过这一次,后悔一辈子,时间紧迫……"

电视购物里,几乎都会出现类似于这样的话术和场景,是不是产品销量真的就这么好?电话快被打爆了呢?我们也不清楚。但是可以看出,主持人的目的就是为了渲染积极的现场气氛,制造出销售火爆的场面。那么,主持人是通过什么方法达到这个目的呢?其实很简单,就是找一个引子,这个引子就是消费者打进来的电话。我们在销讲中,也可以借助这个办法烘托现场的气氛,比如找一位购买产品的客户作为突破口。

千万不要小瞧了这个客户的价值,实际上他就是我们的一个引子,我们以这位购买者为突破口,大肆宣传产品价值,还可以问购买者一些关于产品的问题,或者让购买者跟现场的观众互动,来营造活跃的气氛,这样就会被更多的客户信服。相反,如果没有这个引子,光靠我们在台上讲,客户依然不为所动,那我们的销讲该如何继续下去呢?

所以,我们在制造和烘托现场氛围的时候,要抓住以下几个小技巧(见图10-4)。

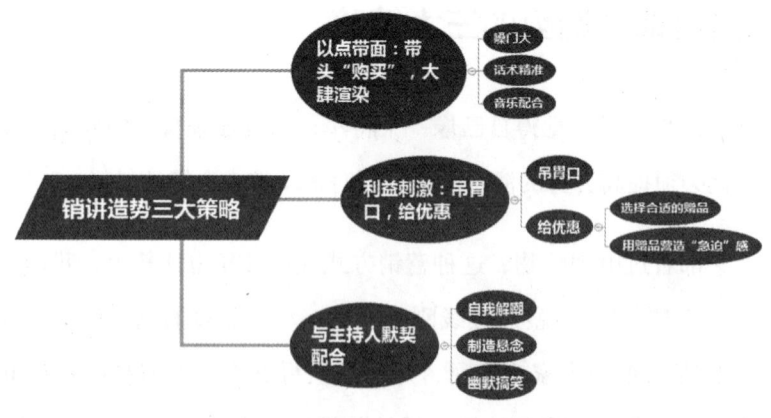

图10-4 销讲造势三大策略

第10章
控场系统：冷场救场技巧，收人、收钱、收心

一、以点带面：带头"购买"，大肆渲染

❶ 嗓门大

我们经常看到，越是热闹的地方，一般声音都比较大，在渲染现场气氛的时候，我们一定要亮出自己的大嗓门，声音越大，越能吸引客户。尤其是跟成交客户沟通的时候，更要放大声音，底气十足，这样便会吸引旁观者的好奇心，也会凑过来看看是什么好东西，这样不仅烘托了现场气氛，也吸引了人群关注。

❷ 话术精准

当我们犹豫不决的时候，摊主与客户的交流基本上是"这件衣服没码了，还有的码的衣服也不多了"这类的话语，让我们听过之后，心里就有点着急了，再不买的话就没有了，于是，赶紧去抢购了几件自己喜欢的，这就是销售中精准有力的话术。在会销中，当一个客户在购买产品时，我们也要找到精准有力的话术来渲染现场气氛。

比如可以说："这位客户非常幸运，在前30分钟购买，不仅得到我们的高品质产品，还可以享受我们的优惠福利政策终身免费上门服务，真是太超值了，这个优惠福利仅限前30分钟……好的，这位客户在第8分钟的时候……"这就是话术精准有力的表现，可瞬间让活动气氛高涨。

❸ 音乐配合

不管是电视购物，还是会销现场，我们可以放一些动感十足的音乐来渲染购买时的火爆气氛，目的就是让客户有紧迫感，以此来调动客户的积极性。

二、利益刺激：吊胃口，给优惠

❶ 吊胃口

前不久，我在微信朋友圈看到一个朋友说"今天不幸运，又没抢到OPPO

Reno 手机"。相同的内容大概连着发了好几天,昨天,他突然发了一条"今天好开心好激动,终于抢到 OPPO Reno 手机"。

我百思不得其解,既然有这么多客户有需求,商家应该很开心,并提供充足的货源才对啊,为什么要让他们一连好几天坐在电脑前苦苦抢购和等待呢?出于好奇心,我决定来好好研究一下这种销售模式。

> **销讲场景**
>
> 我进入 OPPO 官网后,选中了这款手机并注册了一个购买资格,然后等着抢购的那天。终天等到那天,我提前 10 分钟就坐在电脑前等待,生怕自己因为忙别的而错过时间,当离抢购时间越来越近的时候,我的心情也跟着越来越紧张,甚至还有些莫名的小激动,后来想想,这些情绪的产生也是增加购买欲的潜在因素。
>
> 当时间正好到达的时候,我立刻点击抢购,最后电脑屏幕上出现的是"抢购失败,明天继续",接着屏幕上出现了一些评论和留言,比如"我好幸运,终于抢到梦寐以求的手机""明天我要继续加油哦"。于是,我开始有些不服气,觉得这种手气凭什么别人有,而我没有,于是第二天我又接着抢购。
>
> 通过几天的抢购,我还是不够幸运,没有抢到手机,我想很多人也跟我一样,同样没抢到就继续等待。后来我分析了一下,站在买家的角度,我会因为没买到手机而感到失望,是跟自己较劲,别人买得到我为什么买不到,于是继续抢。站在卖家的角度,他们通过每天周期性的发售,每天几分钟的时间就完成了当天的销售量,是多么开心的事情。

我们都希望自己的产品不费吹灰之力,就被别人抢购一空。同样,在销讲中,我们也可以运用上面这种"饥饿式销售法"的模式。

我们知道,"吊胃口"是最能激起客户欲望和兴趣的方式,如果每次只限发

第10章
控场系统：冷场救场技巧，收人、收钱、收心

售一定数量的产品时，就会让"稀有效应"发挥作用，客户的胃口被迅速吊起，急切想要去占有、得到。

这种"吊胃口"的方式和前面我们讲的"以点带面"恰恰相反，"以点带面"就是跟风购买，一个人购买了觉得好，其他人也跟着购买。"吊胃口"则是通过一些限量发售的产品，激发人们的占有欲，会产生一种心理：好东西本来就少，我要尽快先抢到，看到别人抢到了，我很不服气，下次我要加油。这种心理的产生会让客户有一种迫不及待想得到的想法。

运用这种方式值得注意的是，我们在选出一款产品做限量销售的时候，一定不能贪心，看到客户哄抢效果太好，就乱了方寸，无限地放量，火爆场面最多持续一两天就结束了，这样根本起不到"吊胃口"的效果，正确的方式应该是狠下心，说销售多少就是多少，这样才会达到持久的"快速抢购一光"的效果。

❷ 优惠到位

客户总是会被一些小恩小惠吸引住，甚至内心觉得这是销售者的真挚诚意。所以，我们在进行会销的过程中，也要有这方面的觉悟和行动，比如给客户发放一些小礼品等，不仅可以帮助我们与客户建立起感情，拉近彼此的关系，而且还能收集客户资源，挖掘潜在客户。

一点点的小恩小惠并不需要多大的投资，却可以吸引新老客户的惠顾，何乐而不为呢？但在这个过程中，我们要掌握以下几个小技巧，才能保证发放出去的赠品能提高产品销售效果。

（1）选择合适的赠品。在赠品的选择上，可以新奇有趣，也可以经济实惠，但要遵循的一个基本原则就是赠品不要偏离我们销售产品，一定是与我们的产品是有关联的，这样有助于产品宣传。值得注意的是，赠品的质量不能太差，这样

很容易引让客户觉得我们的产品像赠品一样差，同时客户也会怀疑我们的诚意。

（2）用赠品营造"急迫"感。我们在发放赠品的时候，不需要人人都有，如果人手一件的话反而体现不出赠品的存在价值，也会让客户有种被轻视的感觉。我们一定要让赠品发挥其作用，让赠品营造出一个"急迫"的营销氛围。比如可以告诉客户"赠品数量有限，先买先得"，这样会让客户马上产生一种紧张感，这种紧张感会迫使客户急于购买产品，这样就提高了客户的购买热情。

三、与主持人默契配合

主持人的表现好坏与销讲活动成功与否也有一定的关系，比如我之前参加过一次销讲活动，当时主持人在介绍销讲师的时候，语言平淡无奇，也没有肢体动作，更无任何表情，台下的听众面对这样的介绍，也表现出一副冷漠的状态，导致销讲人也极为尴尬。这样的开场白，会呈现出激情的演讲和活跃的气氛吗？当然没有。

一个好的主持人，不仅要有充满感情的语言，还要有塑造出场人物的能力。当然，这个能力单靠主持人是不够的，还需要销讲人与主持人的默契配合，共同协作，才会让销讲活动取得成功。

> **销讲场景** 我最喜欢看的一档节目是《快乐大本营》，都说何炅的主持功夫了得，我也很赞同。有时候喜欢一个节目，也有一部分原因是喜欢这个主持人对整个节目的带动效果。比如有一期节目是成龙宣传自己的新电影，何炅就问他："听说您主演的50余部电影全球票房已经超过250亿，是真的吗？"成龙很自豪地说："是真的。"当时全场就沸腾了，何炅也表现出一脸的惊讶。接着成龙就开始讲这些电影获得成功的秘诀。

从上面这个案例我们可以发现，何炅就真的不知道成龙主演的电影票房已经

第10章
控场系统：冷场救场技巧，收人、收钱、收心

超过250亿了吗？我想未必，主持人在采访嘉宾前一定会做足功课，连普通大众都知道的事，主持人不会不知道。何炅之所以这么问，就是想把话语权交到成龙手里，让成龙自己讲述这个让人惊叹的事情，从而体现了成龙的能力和影响力。

在销讲过程中，我们也应该保持与主持人的默契配合，形成一种共同协作、互相推进的关系。比如，主持人可以问我们："听说你今天带来了一件很神奇的东西与我们分享，是真的吗？"这样一引导，很快就将话语权交到我们手中，我们马上就可以接着说："当然是真的，这个神奇的东西是……"进而顺利地展开演讲，这样的协作关系，不仅使交流顺畅，也让听众产生好奇心，想尽快知道神奇的产品是什么。

当然，这样的协作方式有很多种，不管选用哪一种，只要我们和主持人"搞好关系"，默契配合，不但可以顺利地推销我们的产品，还能活跃整个活动现场氛围。

总之，要想与主持人默契配合，就要提前做好充足的准备，临场发挥容易失误也不太靠谱，所以在必要时还需要进行事前排练，对一些细节的设置做好沟通工作。只有这样，我们才能造就完美的现场气氛。

第11章

成交系统：
掌握成交系统，助力成交千万业绩

成交是销讲的最终目的，前期所有的努力都是为了成交。成交是销讲师与客户的心理战，所以销讲师要把握客户的情绪，了解客户的心理，还要掌握成交的技巧，最重要的是，要抱着绝对成交的信念，只有这样才能走好销讲的最后一步。

11.1 如何利用情绪瞬间成交

众所周知，人类的情绪是复杂多变的，就像是一张晴雨表，刚刚还晴空万里，一会儿便乌云密布。顾客在面临做购买产品抉择的时候，难免也会出现这样或那样的情绪变化，这时，我们应该如何利用情绪瞬间成交呢？

在这里，最实用的办法就是：先剖析出顾客的情绪变化，接着采用有效的办法去影响顾客的情绪，然后使他们的情绪受到我们的主导，最后实现我们的成交愿望。

既然顾客的情绪，对我们来说如此重要，那么在这里，我们就有必要了解情绪的深层含义。

所谓情绪，就是指人对客观存在的事物需求态度的一种体验，这种体验具备外部表现形式、主观体验形式以及非常复杂的神经生理基础。这种情绪在顾客进行购买时也会出现，因为顾客在购物的过程中，他们不单借助视觉、知觉、感觉和记忆等了解到购买对象，而且还对购买对象抱有某一种态度。

这某一种态度也就象征着顾客所折射出来的情绪。就拿情绪表现的方向和强度来说，顾客在购买时所产生的情绪一般可分为两种类型，即：积极情绪和消极情绪（见图 11-1）。

一、情绪对消费者的影响

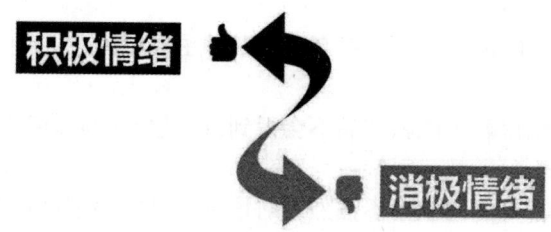

图 11-1　顾客的两种主要情绪

❶ 积极情绪

所谓积极情绪，就是指顾客抱有的一种积极乐观的态度，比如满意、喜欢、开心和满足等。

当商家为了迎合顾客的需求而设计出一种贴切的购买氛围时，正是这种符合顾客需求的氛围，让顾客在情绪上产生一种积极的回应，让他们自然而然地去接受产品，并且还会产生一种强烈的购买欲望。

当然，顾客的积极情绪首先来自于其自身具有的超强内驱力。具有超强内驱力的顾客，他们通常在选购产品的时候，商家只要事先给予一些诱因，他们就会以一种积极的情绪去回应。这个时候，商家应该要做的是，如何去强化顾客的这种反应，促使他们购买自己的产品。

商家要懂得设计出顾客真正想要的产品，给顾客带来从中所能享受到的价值。那么，在具备这些因素的前提下，顾客的积极情绪就能被带动起来，商家的产品也就能被顾客所购买了。

❷ 消极情绪

所谓消极情绪，就是指顾客产生厌烦、不满和恐惧的一种情绪，这种情绪通常会抑制或阻碍顾客的购买欲望。

而顾客产生的消极情绪一般有以下四种主要原因。

（1）顾客觉得购买该款产品不会得到自己想要的心理享受。

（2）顾客自身的内驱力不强烈，对该款产品的渴求度很低。

（3）市场上出现与该款产品差不多的产品，导致顾客产生一种迟疑心理。

（4）受到周围其他顾客的影响，顾客自己举棋不定。

另外，顾客的购买力也会影响到他们的内驱力，导致他们对购买产品产生一定的消极情绪。然而，钱也并非是他们产生消极情绪的决定性因素，因为当他们看上了某一款产品时，即使是刷信用卡也会去购买的。因此，顾客的消极情绪是否产生，重点在于顾客在心理上有没有获得满足感。

二、安抚情绪，赢得成交

了解了情绪对顾客的影响，那么接下来，我们还要继续了解当顾客在购买某一款产品的时候，他们的主要情绪是什么。

答案是焦虑。简单一点来解释，就是当顾客在决定是否购买该款产品时，在这过程中，他们在自己的脑海中会进行着艰难的抉择，这种情况可以用两个字概括："纠结"。在他们的纠结之中存在担心、恐惧和期盼等情绪，这样一来，他们就会产生焦虑。

第 11 章
成交系统：掌握成交系统，助力成交千万业绩

有时他们在无法抑制和疏解焦虑的时候，就有可能换用暴怒发火的情绪来毁坏一切关系，好让自己从焦虑中解脱出来。

那么，我们该怎么去解决顾客焦虑的问题呢？想要解决这个问题其实并不难，只要解决支撑他们的其他的情绪要素，而不是在他们正在左右摇摆的时候催促成交。也就是说，我们要懂得安抚顾客的情绪，以便赢得成交。做到这些，我们应该从以下五种情绪方面入手（见图 11-2）。

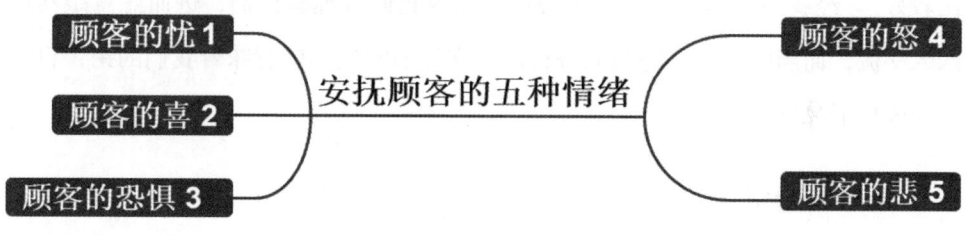

图 11-2　安抚顾客的五种情绪

❶ 顾客的忧

所谓忧，就是指顾客在购买某款产品的时候，担心产品质量是否有问题、商家有没有欺骗自己、产品到底值不值这个价钱、买回家后坏了给不给退货等这些问题，这种担忧情绪就是导致顾客纠结的主要原因。

那么，我们该怎么去解决顾客的这种情绪呢？

其实，顾客之所以有这样的担忧，是因为他们对我们还不够信任，所以才会将这种怀疑转移到其他方面上。面对这种情况，我们要做的就是提高顾客的信任度，要让他们知道我们是理解他们的需求的，甚至让他们觉得我们跟他们拥有同样的立场，即"为他们的担忧而担忧"。

这时候，我们不妨这样做：

（1）要专注于顾客所提的心理诉求，做好记录，并对于顾客提出的不同诉求，也要给予针对性的意见与反馈。在我们专注做这些事情的时候，顾客也能感受到我们的用心和认真，同时他们也会有一种受到尊重和重视的感觉。

（2）要从客观上认可顾客的诉求，再明白无误地了解到顾客的心理难点：做抉择是不容易的。这时，我们可以这样对顾客说："当然了，买这么贵的产品确实是需要一点时间考虑一下的，换成是我的话，我也会犹豫着要不要买、买哪款比较好。"经我们这么一说，顾客必然会觉得我们很理解他们，进而愿意跟我们深入交流，而当顾客愿意跟我们进行深入交流的时候，就意味着我们的销售目标已经成功了一半。

❷ 顾客的喜

所谓喜，就是我们要不断地塑造产品的价值，并且让顾客看到这种价值，从而激发他们的喜乐情绪。但我们也知道仅仅塑造价值还不够，我们还需要消除顾客的其他不良情绪。同时满足这两个前提，才能最终影响顾客的购买抉择。

顾客的其他不良情绪，除了前面我们讲过的忧，下面还有恐惧、怒和悲三种。

❸ 顾客的恐惧

很多时候，顾客之所以出现犹豫不决的态度，是因为他们产生了恐惧心理。

一般，恐惧心理的产生是由于顾客对未来的事抱有一种不确定性。因此，要解决顾客的这种恐惧情绪，我们首先应该帮助他们解决不可控的感觉，

所谓不可控，就是指不知道围墙的另一边是什么。当顾客不知道围墙的另一边有什么的时候，我们不应该让顾客径直翻墙过去，而是应该给他们送一把梯

第11章
成交系统：掌握成交系统，助力成交千万业绩

子，让他们顺着梯子爬到墙头去看看围墙另一边的世界怎么样。而这里的梯子就是指我们所提供给顾客的方案。

当我们给顾客提供优惠、有效、全面和无风险的方案时，顾客就能够通过方案看到围墙另一边的世界了，那么他们接下来就比较容易接受该方案，并且最后同意跟我们合作。

❹ 顾客的怒

通常，顾客的愤怒来自于不公平，我们想要解决顾客的愤怒情绪，就要知道把决定权完完全全地交到顾客的手上。同时我们要让自己的一切言行举止都不要让顾客有被迫购买的感觉。

比如，我们可以说："您看，如果能给你这个优惠力度的话，现在就定下了吧！"一般像这样的条件句，销售员都很喜欢使用。这时候，顾客要是同意了，就意味着该订单成交；但顾客要是还不同意，就说明他们还存在顾虑。那接下来我们要做的就是继续挖掘他们的顾虑。

在继续挖掘顾客顾虑的过程中，要让顾客觉得我们是很有创造力的，他们想要什么，我们就能给他们带来什么，甚至能够带来超出他们想象的。如果我们做到这一步，那么顾客的顾虑基本上都被打消掉了。再往下走，就是要考虑让顾客先付一点定金确定购买，待货到再支付全款。这样，我们便成功地做成了一笔订单。

❺ 顾客的悲

现在，让我们一起来了解顾客情绪中的最后一种，即"悲"。所谓悲，就是指当顾客买某件产品出现不完美的情况的时候，他们可能或多或少都会出现悲这个情绪。

比如，顾客是一位女性，现在有一款名牌手链非常适合她，只要戴上它马上就能提升她的品味和气质。但是她的钱不够付账，这时她的情绪必然是悲伤的，可能她还会觉得自己的自尊心受到了伤害。总之，不管怎么样，当她发现目标无法达成的时候，她的悲伤情绪肯定是占主导地位的。

从这个例子，我们可以发现，顾客的悲伤情绪一般在他们想买产品却发现钱不够付账的时候，或者是在他们想买产品却发现该产品本身存在缺陷的时候。总之，就是那些让他们不能尽快做出购买决定的实际障碍。

那么，当顾客出现悲伤的情绪时，我们该怎么去帮他们消除这种情绪呢？这时，我们可以通过两点进行操作。

（1）通过"唯一化"来判断，也就是说我们先来判断顾客的难点是不是唯一的。如果是的话，就直接解决它；如果不是的话，我们再进行下一步的操作。

（2）通过"抓重点"的方法把顾客所有的问题都挖掘出来，再分析这问题的优劣势。在此基础上，尽可能地整合出一套绝佳的解决方案。

在这里，通常我们的提问方式，大多数都是这样问的："您还有其他方面的问题需要解决吗？""您还有其他的顾虑吗？""您何不现在就买下了呢？"经我们这么提问，顾客多半就会不由自主地把自己的难点显露出来了。

这时，我们再用诱导的方式影响顾客转换到考虑的方向上来，最终促使他们尽快做出购买决定。

简而言之，作为销售员，我们应该充分掌握顾客的各种情绪，才能有效地影响他们的情绪，从而引导他们尽快购买我们的产品。

11.2 如何利用信赖感促成成交

顾客对销售员的信赖，是贯穿整个销讲到成交过程的。如果销讲师仅仅只是回答顾客提出的问题，就只能在彼此之间建立初级的信赖，要想获得顾客的彻底信任，还需要用系统的方式在顾客心中建立更强的信任感。

顾客对我们越信赖，成交就越容易。那么，我们要如何建立信赖感呢？下面的四大策略是我根据自己多年销讲经验总结出来的，希望对大家有所帮助。

一、专业形象

对于顾客来讲，如果他是懂行的业内人士，自然无须寻找专家的帮助，而当顾客找到销讲师的时候，他就是来找专业人士解决问题的。销讲师就是销售行业的"专家"。所以，销讲师也要学会对自己进行包装，把自己包装成专家的形象。我们要弱化自己的销售人员的形象，强化自己在产品行业内的"专家"身份。

我们要让顾客觉得，向他们推销产品的人不是卖家，不是要赚他们钱的人，而是行业内的专家，是帮助他们解决问题的。打造专家形象，并不是说销讲师穿着像专家的衣服就行，应该是让客户从心里认同销讲师的专家形象，觉得自己眼前就是一个专家才对（见图 11-3）。

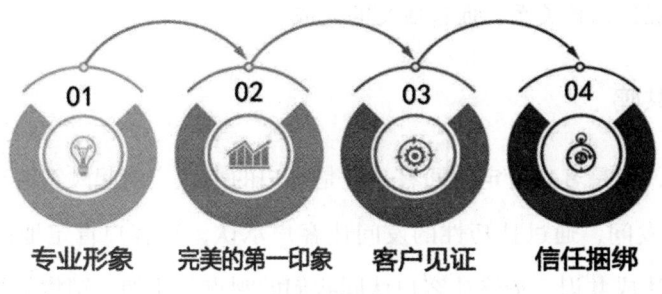

图 11-3　专业形象

❶ 专业形象

外在形象是打造专业形象的第一步，也是为了让销讲师能在第一眼"看"起来够专业。人的第一印象是很重要的，顾客看到销讲师的第一眼，就会留下"卖家"或"专家"的印象。如果顾客第一眼对销讲师产生了好感，才会继续愿意和销讲师沟通。专业的形象，能提升销讲师的自信，也能体现销讲师对顾客的重视。

❷ 专业知识

专业知识体现在销讲师与顾客的问与答之中，无论是问还是答都需要一定的专业的知识。如果一名销售员能在客户主动提出问题之前，就能通过发问推测出顾客关心的重点，并根据顾客的心理提出完美的解决方案，那么，顾客一定会把他看成是真正的"专家"。

一名合格的销售员必须具备一定的专业知识，才能自如地发问和解答，这种自信、自如的对答销讲，能轻松地让顾客接受你推销的产品。

❸ 赞美顾客

人都喜欢听好听的话，听赞美的话，我们要学会赞美顾客。而赞美顾客也是需要技巧的，当我们赞美顾客的时候，脸上的表情一定要真诚，切忌虚假和敷衍。只有发自内心的赞美，才能让顾客感受到我们的善意。在赞美和接受赞美的互动中，双方强化信赖关系，促进成交的完成。

❹ 引起共鸣

所谓共鸣，就是客户肯定的回答，就是客户的承认。引起顾客心理共鸣最直接的方式就是发问，通过技巧性的发问让客户承认，让客户肯定地回答"是"，一步步和客户达成共识，最终让客户认同我们的观点。比如，销售员最简单的提

第 11 章
成交系统：掌握成交系统，助力成交千万业绩

问："您想要获得幸福和健康吗？"客户当然回答"是"。

二、完美的第一印象

前面我们提到，人的第一印象很重要，尤其是在销讲中。如果销讲师给客户的第一印象不好，客户是很难接受这个销讲师所讲的内容的。就像一个企业或者品牌，如果已经在客户心里留下了不好的印象，哪怕再优秀的销售员也很难把这样的品牌卖给顾客。

优秀的销讲师，要给顾客留下美好的第一印象，不仅需要良好的穿着，还要从风度、谈吐、表情动作以及语气等方面进行提升。一个积极的、正面的形象，会让顾客觉得你的产品也是正规的，可以信赖的。相反，如果一个销讲师给顾客的第一印象不好，顾客会对他所销售的产品、所讲的内容产生怀疑。

同样，对于企业以及品牌来讲，也需要在顾客心中留下良好的第一印象。企业可以通过宣传、包装等方式，给顾客留下美好的印象，让顾客觉得你的企业是正规的，品牌是优秀的，产品是有质量保证的。

三、客户见证

在销讲过程中，有真实的案例，或者有影响力的客户和名人能证明产品的可靠，对于销售产品是有很大帮助的，这就叫客户见证。最典型的客户见证就是明星广告的效应，但是在实际的营销过程中，销讲师不能只拿广告说事，最好是有身边的案例。客户见证分为直接见证和间接见证，使用恰当，两种见证都能快速让顾客相信我们的产品。

❶ 直接见证

直接见证就是有直接的例子，有图有真相。销讲师可以把照片、视频等资料

直接展示给客户看。客户通过这些照片和视频资料，看到其他顾客的使用效果，自然而然地对产品产生信赖。

在展示直接案例的时候，销讲师注意观察客户观看案例的反应，如果客户在看到案例时露出快乐、享受的表情时，这就等于顾客认同了产品，通过案例已经取得了顾客的信任。

❷ 间接见证

所谓的间接见证，就是销讲师没有直接的证据，只能通过口头演说。间接见证的举例不能是普通人，最好是名人或者名企的案例。只有具备一定知名度的名人或者名企，才能让客户认同销讲师所列举的案例，相信推荐的产品。这是一种从众心理，一般客户自己拿不定主意的时候，会选择一个自己相信的人来相信。

四、信任捆绑

客户有盲从心理，那么作为销讲师，我们应该学会向有影响力的人来借势，这叫信任捆绑。请明星代言就是一种信任捆绑，借用明星的影响力，来拉动产品的无形价值；借顾客对明星的信任，取得顾客对产品的信任。

> **销讲场景**
>
> 生活中我们最熟知的信任捆绑的例子，就是电影明星的成名路了。其中，最让人记忆深刻的是张艺谋的"谋女郎"。巩俐、章子怡、董洁、周冬雨等，都是"谋女郎"。
>
> 例如，巩俐、章子怡就是她们其中的佼佼者，她们因张艺谋的电影而出道，最终大红大紫，甚至走向国际影坛。由于最初两代谋女郎巩俐和章子怡的成功，"谋女郎"这个称呼开始越来越响亮。"谋女郎"大多有一个共同特点，她们在出演张艺谋电影之前都是默默无名，出演之后都受到众多媒体和大众的关注与喜爱。

第 11 章
成交系统：掌握成交系统，助力成交千万业绩

"谋女郎"为何这么受关注，说到底还是跟张艺谋这个大导演的名气有关，人们相信张艺谋，也就相信张艺谋挑选出来的女演员。自然而然地，观众觉得只要是张艺谋挑选出来的女演员，一定是演技高超、外形美丽、前途无可限量的明日之星。观众对于"谋女郎"的肯定，其实是对张艺谋的肯定。

"谋女郎"和张艺谋的合作，就是一种信任捆绑，借用张艺谋的名气，"谋女郎"从被选中的那一刻起，就自带明星光环，她们的星途也一片光明，片约不断。这种信任捆绑，让她们借助了张艺谋的影响力去推动了她们事业的发展。同样，自从有了"谋女郎"，电影圈后来出现了"星女郎"等称呼。

还有另外一种信任捆绑的方式，是嫁接式信任。比如，小王和小李是朋友，小赵和小李也是朋友，小王和小赵之间并不认识。所谓"朋友的朋友就是朋友"，那么小王要想和小赵达成合作，当然可以借助小李的力量来穿针引线。只要有小赵对小李的信任在其中，小王和小赵之间的信任，就能通过嫁接迅速建立。

通过这一章节，首先，我们学会了打造专业的销售形象，这主要是为了给客户留下良好的第一印象。其次，通过直接或简短的例证，来建立销讲师和客户之间的信任，抑或是借用信任捆绑，打消顾客心中的疑虑，最终取得客户的信赖。

11.3 把握三大流程，锁定成交，快速收钱

众所周知，我们做销讲的最终目的就是卖出产品，然后收钱。但在这里，收钱并不是想怎么收就怎么收的，而应该有固定的流程。作为销售员，如果我们想要通过销讲的方式来销售产品的话，那么就有必要掌握销讲的收钱流程。只有这

么做,我们才能有效地实现自己的销讲目标。

一、首次成交

作为销售员,我们和客户之间产生的首次成交具有非常重要的意义,因为首次成交会给我们和顾客带来一种突破,这种突破意味着双方开始建立信任的关系,象征着顾客愿意尝试接受我们和我们的产品。也只有在实现首次成交的基础上,我们才有机会与顾客建立长期的合作关系。

然而,对于很多销售员来说,促成首次成交是非常不容易的,这当中需要销售员拥有超强的销讲能力,而且还需要销售员在跟顾客交流的过程中了解以下四点注意事项(见图 11-4):

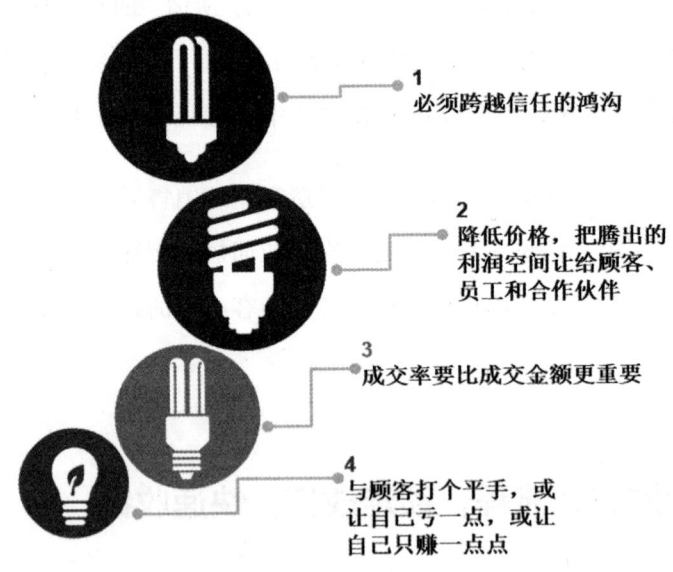

图 11-4 首次成交的四点注意事项

❶ 必须跨越信任的鸿沟

销售员要想实现与顾客之间首次成交的目标,关键要做的是跨越信任的鸿

第 11 章
成交系统：掌握成交系统，助力成交千万业绩

沟。作为销售员，这样做的目的是为了让顾客消除对我们的疑心，放下对我们的戒备，从而愿意与我们建立信任的关系。

当然，我们在让顾客跨越信任这条鸿沟的时候，应该要注意以下两点。

（1）不要急着约见顾客

因为我们很多时候是先通过电话或线上进行第一次沟通与交流的，这时，我们首先应该向顾客介绍自己，接着再介绍公司、品牌、服务和产品。至于约顾客见面，需待时机成熟，也就是说，我们跟顾客做全面的沟通之后，顾客对我们有了深层次的了解，且有了跟我们会面的意向。这时候，我们再提出面谈也不迟。

否则，过于急切地约顾客见面的话，只会引起顾客的反感，毕竟让他们急着见我们这样的"陌生人"，从心理学的角度上讲，很多顾客都会产生一种反感的情绪。

（2）不要过于频繁地打扰顾客

虽然说很多销售员都不畏惧顾客的冷漠态度，会持续不断地联系顾客，这一行为本身并没有错。但错的地方就是有些销售员不懂得把握尺度，联系的次数太过于频繁，结果让顾客产生了厌烦的情绪。

所以，销售员应该清楚这一点，就是每次与顾客联系的时候，提前与顾客约好下一次联系的时间，这样就可以避免过于频繁地打扰顾客。我们只有有节奏感地联系顾客，一步一个脚印地获取他们的信任，才能实现成交的目的。

❷ 降低价格，把腾出的利润空间让给顾客、员工和合作伙伴

在与顾客产生首次成交的时候，作为销售员的我们，首先要做的是优先让利

给顾客，把产品的价格降下来，把降下来的这部分利润让给顾客、员工和合作伙伴。只有这样做，才能让公司获取到越来越多的顾客、更优秀的员工以及更稳固的合作伙伴。如果不这么做，企业就很难经营下去了，因为一家企业能够存活下去，最终依靠的是顾客、员工和合作伙伴。

❸ 成交率要比成交金额更重要

所谓"薄利多销"，就是重成交率、轻成交金额的一种销售方式。不管是企业还是商家，他们都喜欢采用这种销售方式，特别是在与新顾客打交道的时候，往往提高产品的成交率比提高产品的利润额更有利、更重要。可见，在与顾客达成首次成交的过程中，我们作为企业或商家的销售员，必须要意识到这方面的重要性。

❹ 与顾客打个平手，或让自己亏一点，或让自己只赚一点点

在与顾客达成首次成交的时候，我们先不要抱着从顾客身上大捞一笔的想法，而是先要想到如何才能维护该顾客，让他变成我们的"钻石会员""黄金会员"等。所以，在首次成交时，我们不妨让自己与顾客打个平手，或让自己亏一点，或让自己只赚一点点。

二、追加销售

这里的追加销售，是指在顾客购买我们的核心产品之后，我们接着再向他们提供其他的配套产品。比如，当顾客烫完头发后，我们再向他提供一些护发的产品，或者当顾客购买一台笔记本电脑之后，我们再向其提供键盘垫、护眼液等附属性产品。这样做，不仅能拓宽我们的销售业务，还能进一步刺激顾客潜在的购买力。

第 11 章
成交系统：掌握成交系统，助力成交千万业绩

在追加销售的过程中，我们要善于把握潜在顾客以及其潜在的购买力，还要适当地让顾客体验到我们的产品价值，促使他们对我们更加信任，最终让他们确定追加购买。

同时，我们还可以这么做：对那些与我们有良好互动五次以上的顾客，把他们变成我们的永久性会员。因为在现实生活中，每个人都希望有一个企业或商家能够满足自己的心理需求，并能够为自己提供长期的服务，这种心理需求，顾客也是有的。

> **销讲场景**
>
> 著名的推销员乔·吉拉德有一句关于销售的经典名言，这句话就是："真正的销售是发生在成交之后，即只有在成交之后还继续记挂着顾客，顾客才不会把我们忘记，那么，更大的业务也才能由此开始！"
>
> 乔·吉拉德年轻时，他曾在一家机床公司做销售员。当时，他的销售成绩非常差，就算他每天四处拉业务，但花掉整整两个月，最终也只卖出 6 台机床，连最基本的任务量也没有达标。为此，销售经理警告他，要是他下个月不能卖出 10 台机床，就会被炒鱿鱼。面对这一警告，他不馁反勇地说："请您相信我，下个月我肯定能卖出 20 台机床！"
>
> 对此，销售经理和其他的同事都不相信。然而，让他们跌破眼镜的是，乔·吉拉德竟然当天就领回了一张订购 5 台机床的订单。更让他们惊掉下巴的是，这一个月下来，他竟然卖出了 49 台机床，其销售业绩在全公司排第一。
>
> 全公司的同事都投来羡慕的目光，并问乔·吉拉德是如何做到这一切的。没想到，他却反问同事们："你们认为真正的销售发生在哪个环节？"这时，同事们纷纷回答："这还需要问吗？肯定是发生在成交之前呀，只要我们在成交之前做好，那么销售就能成功！"说完，同事们心里都很纳闷，他们实在不明白乔·吉拉德怎么会问出这么简单的问题。

不料，乔·吉拉德突然摇摇头说："你们都走进这样的误区了。其实，真正的销售是发生在成交之后。因为销售是一个持续不断的过程，成交是这次销售行为的结束，也是下次销售行为的开始。因此，我会在成交之后仍然与我的顾客保持联系，继续关心他们，而不是将他们抛在脑后不管不顾。这一个月下来，我就是这么做的，所以他们才会对我的印象越来越好，也越来越相信我们的产品。而且他们不单自己购买，还向周围的熟人推荐，如此一来，我既维持了老顾客，又从中获取到了更多的新顾客，订单量也就自然而然增加了。"

乔·吉拉德的故事告诉了我们追加销售的重要性，首次成交之后，我们依然要坚持为客户提供优质的服务，来留住老客户，吸引新客户，这样才能源源不断地获取到更多的顾客，从而达到我们销售成交的目的。

11.4　快速成交的九大方法

销售是一个重视结果的工作，销讲师前期开发客户、跟进客户，一切都是为了最后的成交做铺垫。我从事销售十几年，见过形形色色的销讲师，他们不缺勤奋、努力，和客户的沟通维护也很好，但是临到最后转单成交的时候，总是缺少临门一脚踢开的能力。

我总结了一下，无非是两种情况：一是在面对客户的时候自我感觉良好，跟客户之间相处表面熟，聊了太多无关紧要的事，始终聊不到正题。可以说，销讲师的行为是"多情剑客无情剑"，最终自己沦为陪客户聊天的角色。

其二就是对顾客的意向把握不准确，顾客意向不强，迟迟下不了决定。这个时候，销讲师已经在这位顾客身上花了大量的时间和精力。就像是谈恋爱，你主

第11章
成交系统：掌握成交系统，助力成交千万业绩

动得太久，对方还是无意，这叫"单相思"。

实际上在成交的最后一步，多数顾客都会给自己的心理设定一道防线，如果销讲师不能一鼓作气突破顾客的最后一道防线，等于直接回到销售的原点，是很难达成成交的。要想突破顾客的最后防线，销讲师需要掌握快速成交的技巧，我归纳为八大方法（见图11-5）。

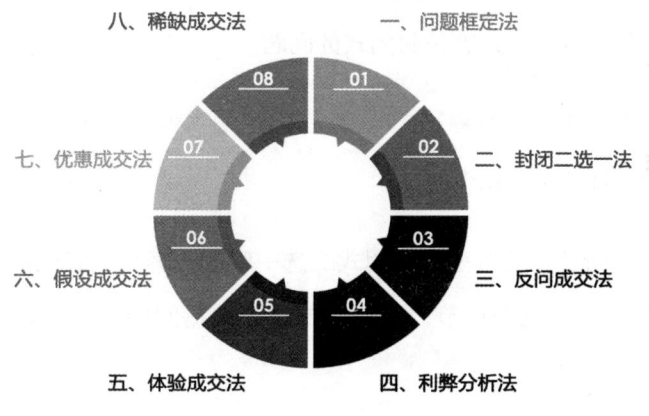

图11-5 快速成交八大方法

一、问题框定法

问题框定法非常简单，就是和客户沟通之后，把客户提出的所有异议框定出来，然后逐一解决。框定的目的就是强调客户的问题，避免客户又提出新的异议。比如，"王总，您是对付款方式上有异议，对吗？""李总，您是对合作时间有不同看法吧？"

二、封闭二选一法

签单成交，这是每一位销讲师的最终目的，我们通常会用提问的方式来了解客户的意向。比如，"王总，对这款产品您还需要了解些什么吗？"

对于提问，有开放式和封闭式两种，上面这个问题，就是开放式的问题。王总的回答会有很多的可能性，对一种产品的了解，会是多方面的，它可能是产品功能，也可能是产品的价格。如果想回答王总的问题，销讲师需要做出多方面的备案，这就提高了销售的难度。

假如销讲师的提问变成："王总，您对这款产品的功能还需要了解其他的吗？"这个问题，把问题缩小到产品功能上面，范围进一步压缩，销讲师也就能更好地把控问题的方向。这就是封闭式的问题。

比如，我在销售时会这样讲："王总，您是先购买一套还是两套产品？""王总，您这边是付现金还是刷卡？"

这样问客户问题，是典型的封闭式二选一问题，客户在我的提问引导下，已经从选择环节进入了成交环节，客户需要在我的提问中二选一，无论选的是什么，都会直接进入成交。

作为销讲师，切记在没有问题的时候问客户："您还有其他问题吗？"这是在引导客户提新的问题。我们是销讲师，我们的目的不是专门来回答客户提问的，能让客户越少提问越好。

三、反问成交法

顾客对成交有着天然的抵触心理，哪怕他的心中已经认同了产品，哪怕他非常想要购买，也不代表会立刻掏钱成交。很多客户本来有很强烈的购买欲望，但还是不断提出让销讲师难以回答的问题。反问式成交，可以帮助销讲师有效地解决这个问题。

销讲师可以反问顾客，向顾客提问。比如，你是培训机构的导购，当客户问:"我自己在家看视频、看书都可以自学,为什么要报名参加你们的课程?"那么,你就可以反问:"孩子在家也可以自学,但是为什么我们还要把孩子送去学校呢?"

孩子到了年龄必须要上学,这是一个基本的道理,人人都懂。因为学校能更好地促进孩子的学习。同样,培训机构是专业的机构,家长其实心里已经认同了培训课程能更好地帮助孩子的学习,我们只是强化了顾客心中的认同,他也就没有疑问了。

四、利弊分析法

客户的犹豫不决,是销售成交的一大难点。因为产品的某些优缺点,客户既不忍心放弃,又担心买了后悔。实际上,这种客户往往有着极强的购买需求,他们需要我们的产品。

此时的销讲师,应该利用自己对行业的熟悉程度和对产品本身性能的了解,帮助客户权衡利弊。但是切记,销讲师讲述的内容必定要突出产品为客户带来的好处,不要去强调产品的缺点。

使用这种技巧的时候,要考虑客户的性格,如果客户是一位有主见的人,销讲师要阐明产品的利弊,多说说好处;如果客户总是犹豫不决,说明客户对产品的满意度不够,销讲师不妨提供比较多的参考意见。

如果客户已经完全了解了产品的优缺点,销讲师不能只是一味地强调产品的利益,必要的时候需要提一下弊端所在。否则,客户会怀疑销讲师的诚意。

五、体验成交法

试用体验,是促进成交的一种方法,比如,服装店试穿、化妆品专柜的试用、培训机构的试听等。用真实的体验让客户能看得见、摸得着,切身感受到产品和服务的实际效果。亲自体验永远比他人的传言要更容易信赖。同时,让顾客直接体验产品或服务,也能减少销讲师的销讲,消除顾客心中的顾虑,促进成交。

> **销讲场景**
>
> 有一个宠物店的老板看到一个小男孩被笼子里的小狗吸引,但是小男孩的妈妈却拒绝购买小狗。宠物店老板笑着走出来说:"你看这小狗多可爱,真心喜欢的话,可以给它取一个名字,还可以把它带回家试着养几天。如果过几天不喜欢了,再送回来也没关系的。"
>
> 小男孩的妈妈看到小男孩渴求的眼神,又想到如果不喜欢还可以送回来,就同意了购买。结果小男孩在随后的几天里和小狗建立了深厚的感情,还给它取了一个好听的名字,同时小男孩的家人也很快喜欢上了这只可爱的小狗,于是宠物店老板的这笔交易顺利成交了。

六、假设成交法

假设成交法不是指销讲师心里假设成交,而是销讲师在销讲的过程中让顾客假设已经成交,进入把顾客引进成交的阶段。在这种思维模式中,销讲师需要引导顾客不断做出成交反应,让顾客自己产生成交的渴望。

但是在假设成交之前,销讲师需要通过销讲的发问,了解客户的基本信息,只有在顾客真正需求的基础上发出成交信息,才能把顾客引入假设成交的模式中。销讲的整个过程,销讲师要语气自然,说话要委婉迂回,不能直接催促客户成交。否则,会给客户带来不好的体验。

第 11 章
成交系统：掌握成交系统，助力成交千万业绩

先假定客户已经成交，将成交后续的服务、售后等流程对客户预演一番，这个时候顾客已经进入到了成交后的体验，已经开始享受即将拥有产品或服务的喜悦。这时，要让贴心的售后服务来促进成交。

七、优惠成交法

对于一些急于求利的客户，销讲师可以利用优惠成交法，提供优惠条件吸引客户购买。这是一种留有余地的销售策略，在成交难以达成的情况下，及时提出一些优惠条件，最终成交。但是让利不是无原则的，对于明显恶意压价的顾客，不能为了成交牺牲利润。

八、稀缺成交法

稀缺成交，其实就是"饥饿营销"，最耳熟能详的就是小米当年使用的营销手段。在顾客面前塑造一种产品紧缺的假象，限时、限量、限名额的销售情景，让顾客觉得如果错过就很难买到。这种情况在顾客想成交又有些犹豫不决的时候，非常有效。

为了促成成交，我们有很多的技巧，但是同样也有几点需要注意：不要夸大产品的用途和功效，过分宣传；留意顾客流露出来的成交信号；再一次确认顾客的需求；不要给顾客不断提出新问题的机会，避免顾客对我们说"不"；要多为客户提供体验的机会，封闭客户的问题选择；抓住成交的时机，突破客户的心理防线。

关于成交，还有一条最重要的法则，那就是今天没有成交的订单，明天就有可能飞走。能在今天成交的单子，一定要抓紧时机，千万不要拖到明天。

后 记

看到自己的书稿即将付梓,回想自己这些年的奋斗历程,心中不禁感慨良多。

本书自2018年开始创作,其间历经多次修改。坦白地说,这本书凝结了我多年销讲的经验,希望能对读者有所帮助。

我是一名90后女性演说家,销讲让我实现了自己的梦想。很多学员、同行都把我的销讲魅力误认为是我的天赋使然,其实在销讲方面我并不是天赋异禀。我原本是一个笨嘴拙舌的人,和大多数人一样,不敢在大庭广众之下说话,更别说通过销讲成交多少客户了。是销讲改变了我的人生,如今的我是两家公司的董事,被业内尊称为"亚洲销讲实战导师"。

而我之所以有今天的销讲才能,源于我自己经年累月的学习和摸索,每一句征服人心的话背后都是我曾经为之付出的汗水。很多人以为,高明的销讲技巧来自天生的语感,可实际上,销讲技巧就像做菜一样,是可以通过学习而掌握的。所以,即使你是一个讷口少言的人，通过学习，一样可以拥有像我这般的销讲才能。

　　我一直都相信，语言是有魔力的，销讲更是一门结合了智力、反应力、领导力、洞察力和掌控力的艺术。这门艺术能帮助我们在竞争日益激烈的环境中披荆斩棘、突出重围，实现自己的人生价值。在我的课程里，常常有学员听着听着就按捺不住内心的激动，想立刻大展拳脚，开启自己的销讲之旅。很多跟我学习过销讲的学员都说："销讲让我受益良多，它应该被分享给更多的人。"

　　于是，在大家的支持和鼓励下，我著有本书，在这本书里，我倾囊相授所有关于销讲的智慧，让销讲影响更多人、帮助更多人。

　　在此我要感谢培养我的老师还有和我一起奋斗的伙伴们，感谢大家一路的扶持和陪伴。

　　"利众者伟业必成，一致性内外兼修"是我人生座右铭，愿同心者同行，同行者同赢！

曹译文

2019 年 9 月